JN237385

図解&設例

原価計算の本質と実務がわかる本

公認会計士・米国公認会計士
関 浩一郎
SEKI, Koichiro

【著】

公認会計士
菅野 貴弘
SUGANO, Takahiro

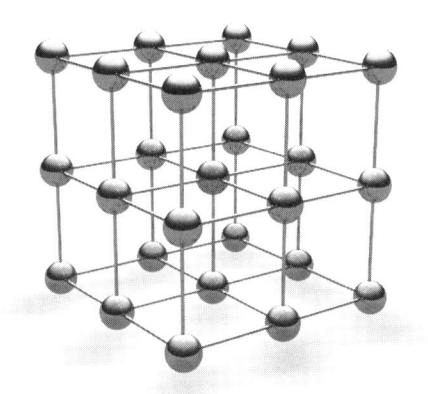

COST ACCOUNTING

中央経済社

はじめに

　時代の変化に伴い「ものづくり」の範囲も広がり，食品や自動車といった実際に目に見えるものからスマートフォン上で使用されるアプリといったコンテンツ，その他，ありとあらゆる製品が巷に溢れています。これら世に流通している多くの製品が多様化していくにつれ，現代の原価計算も多種多様にわたり，またITの進歩によって従来イメージされていた伝統的な原価計算も時代の変化につれ姿形も急速に変化しています。

　このような急速な時代の流れの中にあっても，「ものづくり」を生業としている場合，それが個人であれ大企業であれ「いくらでつくられたか」を知ることは，適正な売値を付すためにも，ひいてはその生業を続けていくためにも必要不可欠なことであり，自分がつくった「もの」の原価を知りたいという欲求は，時代の変化や製品の違いを超えた「ものづくりの真理」ではないでしょうか。

　その「原価を知りたい」，さらには「実際に計算したい」という欲求に応えるためにどのような本がいいのか，そんな観点からつくり上げたのがこの『原価計算の本質と実務がわかる本』です。

　本書では，多種多様な製品や環境に対応できるよう，原価計算の根幹となるべき本質に触れていただくことを意識しつつ，一方で実務に対応できるよう設例を採用しました。この際，内容の解説においては極力専門用語を避け，文章も平易な表現を心がけました。あわせて，設例ではわかりやすい図表による表現方法や，計算式内容を明確にするよう工夫しました。これにより，読者の皆様が現に携わっている製造過程（ものづくり）と，そこで製造される製品（もの）に置き換えて原価計算の本質と実務のイメージができるよう心がけました。

　また，最近の実務の動向に合わせ，原価計算を取り巻く環境の変化，キャッシュ・フローや部門間での調整・業績評価といった，今まで原価計算ではあま

り取り入れられていなかった分野についても触れてみました。

　本書をお手に取られた方々のお役に少しでも立つことができれば幸甚です。

2013年8月

　　　　　　　　　　　　　　　　　　　　　　　　　　　関　浩一郎
　　　　　　　　　　　　　　　　　　　　　　　　　　　菅野　貴弘

目　次

はじめに

序　章
本書のねらい
- ① 過去から現在までの時間を超えた解釈と理解 ……………… 2
- ② 1つの企業の部門をまたいだ，共通の解釈と理解 ………… 3
- ③ 原価計算の本質とイメージ ………………………………………… 5

第1章
原価計算の目的と原価計算基準
- 第1節　原価計算が達成すべき主な2つの目的 ――――――― 10
- 第2節　原価計算における諸概念 ――――――――――――― 15
  - ① 実際原価と標準原価 ……………………………………… 15
    - (1) 実際原価　15
    - (2) 標準原価　18
  - ② その他のキーワード ……………………………………… 21
    - (1) 製品原価と期間原価　21
    - (2) 全部原価と部分原価　22
    - (3) 非原価項目　22
- 第3節　原価計算の一般的基準 ――――――――――――――― 24
  - ① 外部報告目的のための一般的基準 ……………………… 25
  - ② 内部使用目的のための一般的基準 ……………………… 26
- 第4節　外部報告目的のための原価計算における留意点 ――― 28

第5節　内部使用目的のための原価計算における留意点 ── 31

第2章
原価計算の要素

第1節　原価計算要素の分類 ──────────────── 34
第2節　費目別計算の実務 ──────────────── 38
 1　材料費計算の実務 ································· 38
  (1)　材料費の分類　38
   ①　直接材料費と間接材料費の分類　39
   ②　材料費の把握方法による分類　42
   ③　材料の管理体制と消費量　43
   ④　材料費分類のまとめ　44
   ⑤　材料費計上から製品原価計算までの流れ　45
   ⑥　材料勘定から仕掛品勘定への振替えのタイミング　45
  (2)　材料費の計算方法　47
   ①　材料購入原価の決定　48
   ②　材料消費原価の決定　49
  (3)　予定価格　56
   ①　実際原価でのデメリット　56
   ②　予定価格を採用した場合の材料費計算　58
   ③　消費価格差異　59
 2　労務費計算の実務 ································· 60
  (1)　労務費の分類　60
   ①　従業員の分類　60
   ②　労務費の支払形態による分類　60
   ③　労務費の消費形態による分類　61
  (2)　労務費の計算　63

　　　　　① 直接工の賃率　64
　　　　　② 直接工の作業時間　65
　　　　　③ 要支払額　65
　　　　　④ 計算例　66
　　③ 経費計算の実務 ……………………………………………… 68
　　　(1) 直接経費と間接経費　68
　　　(2) 間接経費の計算方法の種類　69
　　　　　① 支払経費　69
　　　　　② 月割経費　69
　　　　　③ 測定経費　69
　　　　　④ 発生経費　70
　　　(3) 外注加工費　72
　　④ 製造間接費の計算実務 ………………………………………… 74
　　　(1) 製造間接費の配賦方法　75
　　　(2) 配賦基準の要件　75
　　　(3) 配賦計算の方法　77
　　　(4) 予定配賦　79
　　　(5) 予定配賦率の計算　80
　　　(6) 予定配賦額の計算　82
　　　(7) 配賦差異の把握　82
　　　(8) 配賦差異の分解　82
　　　　　① 固定予算　83
　　　　　② 変動予算　84

第3節　部門別原価計算 ───────────────── 86
　① 部門別原価計算の意義 ……………………………………………… 86
　② 原価部門の設定 …………………………………………………… 87
　③ 部門別原価計算のプロセス ………………………………………… 88

(1) 部門費の集計（第1次集計）　89
　　(2) 補助部門費を製造部門費へ配賦（第2次集計）　91
　　　① 補助部門費間の配賦計算　92
　　　② 補助部門費の配賦基準　94

第3章
原価の製品別計算―実際原価計算

第1節　原価の製品別計算のイメージ ――――――― 102
第2節　個別原価計算 ――――――――――――― 106
第3節　総合原価計算 ――――――――――――― 110
　1　個別原価計算と総合原価計算の違い ……………… 110
　2　単純総合原価計算 ………………………………… 113
　3　等級別総合原価計算 ……………………………… 124
　4　組別総合原価計算 ………………………………… 134
　5　工程別総合原価計算 ……………………………… 142
第4節　予定価格の設定と原価差異 ―――――――― 158
　1　材料に関する原価差異 …………………………… 159
　2　その他の原価差異 ………………………………… 161

第4章
標準原価計算

第1節　標準原価計算の内容と目的 ―――――――― 164
第2節　標準原価計算の計算実務 ――――――――― 169
　1　原価標準の設定 …………………………………… 169
　　(1) 標準直接材料費の設定　170

　　　　① 標準価格の設定　170
　　　　② 標準数量の設定　171
　　(2) 標準直接労務費の設定　171
　　　　① 標準賃率の設定　171
　　　　② 標準時間の設定　171
　　(3) 標準製造間接費の設定　172
　　　　① 基準操業度の決定　172
　　　　② 間接費予算の設定　173
② 標準原価の計算 ……………………………………………… 173
③ 実際原価計算の実施 ………………………………………… 177
④ 原価差異の把握・分析 ……………………………………… 177
　　(1) 原価差異の把握　177
　　(2) 原価差異の分析　178
　　(3) 直接材料費差異の分析　179
　　(4) 直接労務費差異の分析　181
　　(5) 製造間接費差異の分析　183
　　(6) 原価管理目的と製造間接費差異分析　187
⑤ 原価差異の会計処理 ………………………………………… 187
　　(1) 標準原価の勘定記入法　187
　　　　① シングルプラン　188
　　　　② パーシャルプラン　188
　　　　③ 修正パーシャルプラン　190
　　(2) 具体的な処理方法　190
　　　　① 概　要　190
　　　　② 法人税法上の規定　191
　　(3) 設例による会計処理　192
　　　　① 売上原価へ賦課する場合（通常の差異）　192

② 売上原価と棚卸資産に配賦する場合（比較的多額に発生した差異）　193
　　③ 非原価項目とする場合（異常な状態に基づき発生した差異）　195
　第3節　ABCの考え方 ─────────────── 195
　　1　伝統的原価計算の問題点とABCの必要性 ……… 196
　　2　具体的な計算方法 ……………………………… 198
　　3　伝統的原価計算とABCの比較 ………………… 200

第5章
新しい原価計算の視点

　第1節　キャッシュ・フローの視点による原価計算 ─── 205
　　1　キャッシュ・フローの視点による原価計算のポイントと実施方法 ……………………………………… 205
　　2　減損会計における論点 ………………………… 216
　　3　実務におけるポイント ………………………… 220
　第2節　部門間調整，評価のための原価計算 ─────── 221

序　章

本書のねらい

今回，本書の執筆を進めていくにあたって，筆者は以下の2つを意識しました。

- 過去から現在までの時間を超えた解釈と理解
- 1つの企業の部門をまたいだ，共通の解釈と理解

そこでまず，なぜこのような視点を持ったのか，その背景とあわせて述べておきたいと思います。

1 過去から現在までの時間を超えた解釈と理解

公認会計士の立場として，会計事項や経営のご相談，監査における現場において，原価計算は常にトピックとして挙がってきます。ご存じの方も多いとは思いますが，原価計算の礎とされている「原価計算基準」は，当時の大蔵省企業会計審議会が昭和37年に設定した後，平成の現在まで採用されているものです。しかし，その一方，この基準を採用する企業の形態やビジネス環境は，刻一刻と変化しています。

そのため，企業会計やその他の分野で原価計算に携わっているみなさんは，原則としての原価計算基準を，いかに現代の実情に合った形で解釈し，適用していくかに腐心しているでしょう。

このように，古くて新しい原価計算という課題について現在の環境に合わせて対応していくために，原価計算基準設定当初の考え方を現在風にアレンジし，適応していく必要があります。例えば，現在のようなコンテンツ産業などは基準設定時には想定はされていなかったでしょうし，また，キャッシュ・フロー経営という言葉も一般的ではなかったはずです。しかし，当時においても現在においても，原価計算は企業の意思決定や外部への情報提供において重要な位置を占めていることに変わりありません。同様に，それぞれの環境条件に合った形で原価計算基準を適用していくことも，変わりはないものと考えています。

そこで，筆者が原価計算というテーマをひもとくにあたって，この「原価計算基準を，現代の企業経営環境においてどのように解釈し，採用すべきか」という点を意識し解説することとしました。

　そのため，各章において，まずはぜひ押さえていただきたい基本概念や計算方法について，事例や設例を用いながら解説します。そのうえで，当該概念や，原価計算基準の背景にある思想や考え方について，現代においてどのように咀嚼し，対応していくかを解説していきます。

　具体的には，当時は一般的ではなかったキャッシュ・フローという視点を絡めると，上記の基本概念や計算方法にどのような影響を与えるのか，固定資産の減損といった，当時存在しなかった新たな会計基準の適用を加味した際にはどのような影響があるのか，一部私見も含め，事例や簡単な設例も使用しながら論を展開していきます。

② 1つの企業の部門をまたいだ，共通の解釈と理解

　日ごろ，企業の経営者の方や各部門の部長といった立場の方々と個別にお話したり，原価計算に関するディスカッション，打ち合わせに同席する機会があります。その際に常々感じていることとしては，原価計算の話題において，

- 「それぞれ，自分の部門で使われている用語でお互い話し合っている」
- 「部門間で使われている用語が違うので，うまく話がかみ合わない」
- 「同じ部門でも課が違うと，同じ用語でも意味，内容が異なる」

という点です。議論を進めていくうえでうまくかみ合わないならまだしも，そもそも部門間で全然違うことを念頭に置きながら話をしていたことに後から気づき時間を浪費した，などという場面に遭遇することもあります。

　これは，おそらくは各部門（例えば，製造部門，管理部門，営業部門，等々）において，それぞれ重視する原価の内容が異なっている点が，そもそもの原因

かと思います。

　例えば，単純化したモデルとして，製造業の営業部門と製造部門を想定してみます。

　営業部門は，製造部門で製造した製品を一定の価格で受け取ることとなります。実務上，一般的には，年初の予算策定時等において製品の移管時に採用する価格を両者で合意しているケースが多く，これを仕切価格などと呼んでいます。営業部門は，仕切価格を意識したうえで，利益を出すべく販売に注力します。この際，市場価格を加味すると製造部門が提示してきた仕切価格では利益が達成できない場合，他社からのOEMの販売のほうが部門利益を残すことができる，という判断をするかもしれません。

　一方で，製造部門は「営業部門の販売見込みから落とし込んだ予算で製造数量を起こし，原価を計算したのに，いまさらいらないなどといわれても大変困る」，「営業部門からの情報で仕切価格を見積もったのだから，当然にその分は責任を持って売ってほしい」，「いまある設備や人員を遊ばせて，その分のコストはどうなる」，という主張をするでしょう。製造部門の作る採算がとれないものはいらないとする営業部門との間に大きな隔たりが生じるおそれもある状況です。

　実は，これに似たような話を聞くことはもちろん，実際にこのような議論の場に直面したこともあります。それに加え，同様の愚痴を，それぞれの部門の長から聞くことも少なくありません。

　この場合，営業部門，製造部門とも，部門をつなぎ全社的な視点で物事を考えられるのであれば，互いの言い分も理解でき，組織全体としての最適点を見出すことができるはずです。このためには，原価計算を語るうえで共通言語として，それぞれの概念や用語の有機的なつながりを押さえておく必要があるでしょう。

　これこそ，ここでいう「1つの企業の部門をまたいだ，共通の解釈と理解」なのです。

　部門間で，共通言語として原価計算について議論する際，内容を誤解なく議

論するには，原価計算の基本となる概念や，使用する用語の定義を横断的に設定する必要があります。もちろん，部門の中で使う用語やローカルルールは，それぞれの部門における効率化や経験則から自然発生的に生じたものであるため，引き続き使用していくべきです。

そのうえで，他部門の人にはどのように伝えれば自部門で意識している原価計算上のルールや考え方をわかってもらえるのか，他部門が主張しているルールや考え方ははたしてどういうものなのか，について自らが行う表現と理解を助けるようにすることが企業経営において重要だと考えます。また，さらに上のレベルの経営層になれば，各部門の抱える問題や主張について横断的に理解し，全社的な意思決定をするでしょう。自らの理解や正しい経営判断のためにも，この視点を通し，原価計算を理解することが適切な判断につながるはずです。

この，「1つの企業の部門をまたいだ，共通の解釈と理解」を形成するのに役立つように原価計算について解説することこそが，本書の2つ目の目的です。

当該趣旨のために，各章で解説する内容について，営業部門の方がわかりづらい点や，逆に製造部門の方からは見えづらい点など，鳥瞰的に解説するように，また，そのためできるだけ事例や参考となるモデルも使い，わかりやすく解説するように心がけました。

具体的には，本書では主に原価計算の方法について多くの紙面を使い，解説します。その前に，少々ここで原価計算の本質と事前にイメージしていただきたい前提について確認してみましょう。

3 原価計算の本質とイメージ

原価計算では，例えば材料の使用，実際に製造ラインで業務にあたる従業員，および，直接製造ラインには携わっていないものの，事務処理や製造ラインの保守・修繕に従事している従業員の製造過程における行動，その他諸々を数値

化しなければなりません。これらのすべての企業活動を，効率よく正確に，そして網羅的に集計し，製品完成までにかかったコストとして計算していくことは，複雑な組織や多種多様な製造過程を有する場合，大変複雑な作業となります。

このような「実際に目に見えて行われている活動」を数値化するための技術として，長年の会計上の経験から生み出された技術こそが原価計算の本質なのです。

詳細は第１章以降で解説しますが，製品の製造は，材料費，労務費，経費と呼ばれるさまざまな原価要素と，それらを活用していく製造活動とで成り立っています。その活動全体は複雑であり，ひとくちに原価計算といっても，製品１個当たりの原価を数値化することは同様に大変困難な作業となります。原価計算とは，この「製造工程を数値化するためのモデル」といっても過言ではありません。このような状況のもと，原価計算はいくら複雑なものであっても，一定の仮定や条件，最終的な計算結果の調整を事前に決め，継続して採用していくことによって，計算結果の利用者の要求を満たすべく「数値化」しているのです。

このことをイメージしていただくために，例えば，写真の撮影を想像してください。実際に存在する３次元の物体は，２次元の写真では完全に表現できません。そこで，必ず表現しなければならない要素に対してアングルを定め，そこでシャッターを押して２次元の形で必要な情報を表現しているとも考えられます。

原価計算という行為も，いわばこれに近いものがあります。一般に公正妥当

図序-1 原価計算のイメージ

実際の製造活動　　　　　　　　　　　原価計算

と認められる会計基準や，原価計算基準に従って「アングルを定め」，数値といういわば紙面上の「2次元の形で」表現しているのです。

そして，この際に原価計算上頻繁に使われる技術が，製品製造におけるさまざまな活動を「単価」と「数量」を使って単純化する，という技術です。これは，効率的，かつ，効果的に原価計算を行うために過去からの経験則から編み出された単純化のモデルになります。

例えば，材料を使うというケースにおいては，この「単価」と「数量」というモデル化は比較的簡単にイメージできるかと思います。買ってきた材料1個当たりの単価が所与であれば，それに製造工程の投入量を掛け合わせれば「金額」を集計することが可能となります。一方で，例えば月給で働いている人たちの人件費についても，一定の条件を設定して「単価」と「数量」（ここでは「時間」と考えていただいてもよいかもしれません）にモデル化して，原価計算上は活動を数値化することとなります。都度払いの経費についても，場合によっては何らかの計算の仮定を設定したうえで，このように「単価」と「数量」とに模擬的に分解したうえで原価計算を行うことになります。

この段階では，以上のような「単価」と「数量」によるモデル化はむしろ実

図序-2 原価計算のためのモデル化

態を表さないものに感じる読者の方もいらっしゃるかもしれません。これについては実際の計算を行う過程で，当該モデル化のもつ効率性や，計算における効果についてご理解いただけるかと思います。そのため，まず，「単価」と「数量」のモデルが存在すること，そしてこのモデルが原価計算上頻繁に使われるということだけご理解いただければと思います。

　まとめると，

> - 原価計算の本質は，製造活動を数値化するために，単純化・数値化のための仮定や条件を設定するための計算上の行為である点
> - 原価計算における各手法は，単純化・数量化のための技術である点
> - その技術の1つが，製造活動を「単価」と「数量」にモデル化した計算方法であり，このモデル化は原価計算において，多種多様な場面で活用されている点

の3点となります。以降で解説する内容の理解を助けるとともに，より一層深く原価計算を理解することに役立つものと考えます。

　また，原価計算の手法については，近年のIT化が進んだ原価計算において，その計算ロジックが企業内でもブラックボックス化しているといった話もしばしば耳にします。しかし，一見複雑な計算手法や複数の計算ロジックも，基本となる考え方は大きく変わるものではないものと筆者は考えています。本書が，各社各様の原価計算の中身をひもとく道具となれば幸いです。

　本書では，あわせて，特に企業内での調整機能としての原価計算の機能について第5章において解説しています。これは，伝統的な原価計算の論点とは少々異なりますが，原価計算自体，IT化が進み省力化された現在においては，原価計算によって知りえたデータを利用した意思決定や部門ごとの収益力の測定，ひいては部門間での企業内評価に使われる面が注目されているのではないでしょうか。近年注目されていると考えられる当該調整機能について，その応用方法も含め，解説していきたいと思います。

第1章

原価計算の目的と原価計算基準

第1節 ▎原価計算が達成すべき主な2つの目的

　原価計算は，企業の製造活動を数値化するために行われます。製造活動は，会社や実際に製造している製品によっても変わってきますが，一般的には多大な労力，多額のIT投資によるシステムや業務プロセスによって実施されています。

　感覚として，作ったものがいくらでできたかを知るということは，製造業を営む企業にとって自明の活動に思え，それ自体を目的化して日々の業務を進めている方も多いのではないでしょうか。

　一般的に，原価計算の目的としては，大きく2つのものがあるとされています。

> **外部報告目的**
> 　債権者，取引先や一般投資家に対して財務諸表等を通じて会社の経営成績や財政状態を数値化して伝える際に，原材料，製造した製品や仕掛品の残高や販売した売上原価を算出するため。
>
> **内部使用目的**
> 　価格決定といった短期的な意思決定や，設備投資等の中長期的な経営判断をする際に，会社の生産の状況や製品ごとの収益性，稼働率等について，必要なデータを算出するため。

　このように，大きく2つの目的に分かれますが，外部報告目的は財務会計と，また，内部使用目的は管理会計と密接につながっています。なお，それぞれを説明すると以下になります。

> **財務会計**
> 　外部の利害関係者（株主，債権者，取引先や，税務署等をはじめとし

た政府機関等）に対し，対象となる会社の経営成績や財政状態を財務諸表等により提供することを目的とする会計。
➡作成者は内部だが，使用者は外部。また，会社法や金融商品取引法等，作成者の属する分野に適用される法律に基づき実施される。そのことから制度会計ともいわれている。

|管理会計|
会計情報を，経営管理者の意思決定や組織内部の業績測定，業績評価に供するために，内部使用目的の数値を提供することを目的とする会計。
➡作成者も使用者も内部。特に適用される法や規制もない。そのため，使用者の目的に応じ，自由に計算方法や設定期間（1年超から，ケースによっては数時間単位まで）を変えることも可能である。

　まず，押さえておきたいポイントは，原価計算は製造活動を数値化するうえで，前述の2つの異なる目的を同時達成することが要求されている点です。
　また，目的が2つあることに加え，同じ原価計算によって算出された結果についても，それぞれの立場から2つの目的に沿って使用する関係者が存在することになります。
　目的も違えば重視するポイントも異なるため，1つの原価計算に対して，要求される内容も複数存在することになります。つまり，財務会計の視点で経理部が要求する数値内容と，管理会計の視点で事業管理部が要求する数値内容も異なれば，製造部や営業部でもまったく異なる数値内容を要求することも十分に考えられます。その結果として，製造活動に対して，この複数目的と複数部門の要請を同時達成することが，原価計算には求められています。
　もちろん，外部報告目的の原価計算と内部使用目的の原価計算とをまったく別々に算出することも可能ですが，一般的に1つの原価計算システムで2つの目的を同時に達成するように，そのロジックを構築している会社がほとんどでしょう。アプローチの方法としては，以下の2つが考えられますが，いずれに

しろ，外部報告目的で集計した原価も内部使用目的で集計した原価も，合計ベースでは一致させているようです。

> **ケース1** 外部報告向けの全社ベースでの原価計算を実施した後に，ある一定の基準に従い，部門や製品に分解した数値を内部使用目的として算出するケース
>
> **ケース2** まずは各部門やラインでそれぞれ原価計算を実施した後，集計して外部報告向けの全社ベースの数値を集計するケース

図表1-1 2つの目的を達成する原価計算のアプローチ

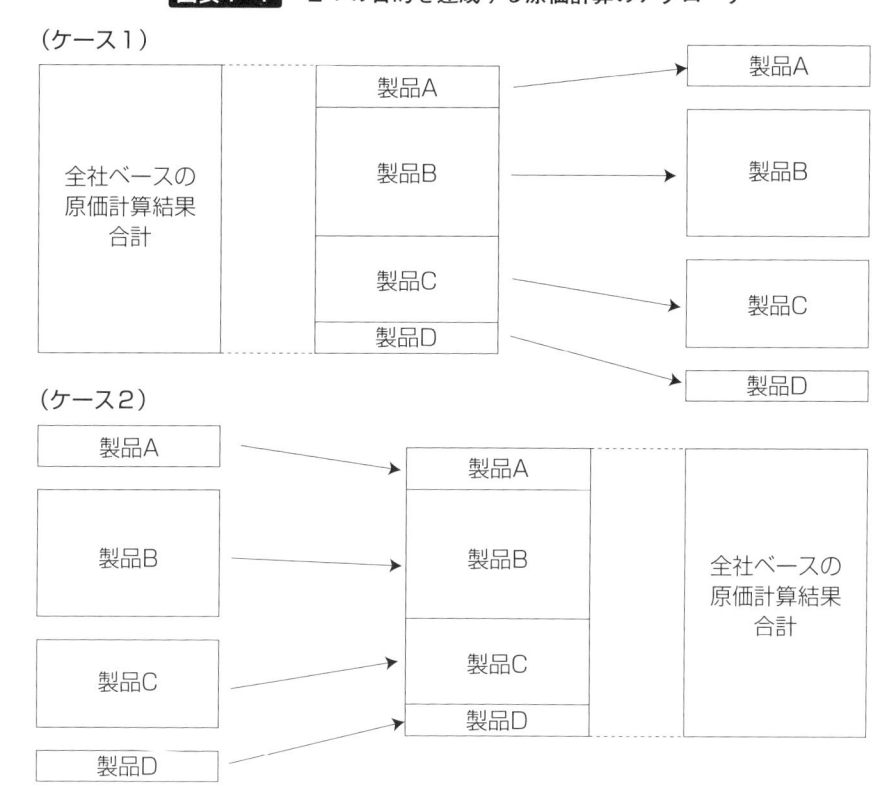

（ケース1）

全社ベースの原価計算結果合計 → 製品A／製品B／製品C／製品D → 製品A，製品B，製品C，製品D

（ケース2）

製品A，製品B，製品C，製品D → 製品A／製品B／製品C／製品D → 全社ベースの原価計算結果合計

これは，複数のロジックで原価計算をすることにより二重のコストが生じることを避けるといった要因もあるでしょうが，真実として存在する会社の製造活動が複数の結論として数値化されることは，かえって外部報告，会社内の部門間調整や内部の意思決定を複雑にし，誤った判断に導くおそれもあるからです。そのため，現在使用されている原価計算システムは，自社による独自作成のものであれ購入したものであれ，1つのロジックから同時に複数のデータを提供できるように設計されているのが一般的となっています。

つまり原価計算は，かたや財務会計上の要求から会社法や金融商品取引法のほか一般に公正妥当と認められている会計基準に継続して従わなければならず，その一方では管理会計上の要求から刻一刻と変化する会社を取り巻く環境に合わせ，臨機応変に意思決定に供する数値データも整合させたうえで同時に提供することを要求されているのです（図表1-2参照）。

また，この同時達成要請が，会社内で原価計算についての部門横断的な議論や調整を行う際に，物事を複雑化させているようです。

序章で述べたように，原価計算によって算出された数値を使用する複数の部門において，自部門で使う数値の内容や算出方法等は熟知していても，他部門

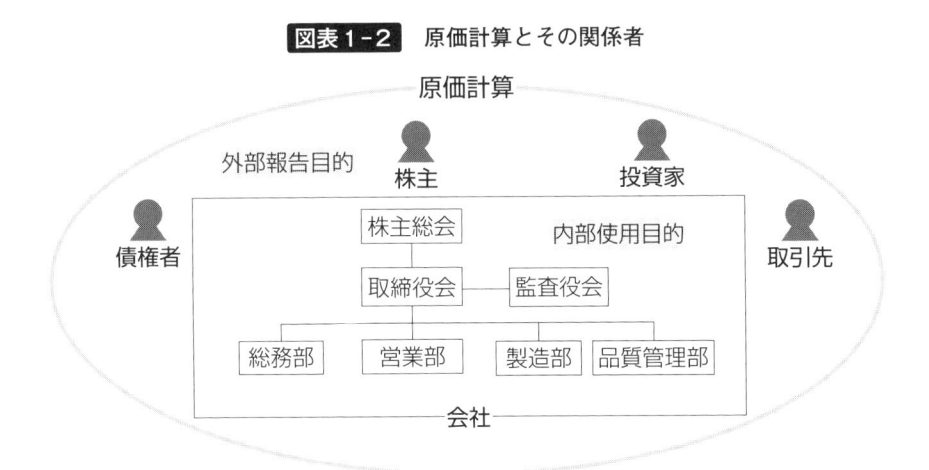

図表1-2 原価計算とその関係者

で使用するものについてはまったく理解されていないケースがよく見受けられます。そもそも，他部門で使用している数値が算出されている事実すら知らないケースも多く，部門間の意思疎通がうまくできないことも多いようです。

これは，内部使用目的として，それぞれの部門が1つの原価計算のプロセスから出る数値の結果を，それぞれの目的に適合するように随時使いやすく加工しているためです。このこと自体は，部門やそのミッションが異なれば，至極当然といえるでしょう。しかし，同じ原価計算に関連する話をしていても，部門間で意思疎通を阻害する結果につながります。このような状況については，それぞれの部門が使用しているアウトプットの内容，使用目的について，互いに明確にした後で，それぞれの抱える問題点を互いに説明することによりスムーズな解決が図られるはずです。

もちろん，それぞれの部門や原価計算の利用者が全体を理解しているケースも多いのですが，本書では，部門間調整や全社的，かつ，鳥瞰的な視点で原価計算を理解できるよう，「1つの企業の部門をまたいだ，共通の解釈と理解」を意識し，外部報告目的と内部使用目的のそれぞれについて，実際に会社内でどのように原価計算が行われているのかを解説していきたいと思います。読者のみなさんは，ぜひ普段意識されていない他部門の目的についても理解し，社内の調整の際に参考にしていただければと思います。

また，社内の調整という観点からも，原価計算で使用する諸概念について理解し，組織内における共通言語として使用することは，全社横断的な原価計算における何らかの取り組みをする際には欠かせません。そこで，次節では，原価計算に関してコミュニケーションをとるのに欠かせない原価計算上の用語についてもあわせて解説します。これらの概要や用語を押さえることは，コミュニケーションを円滑に進めるためだけではなく，原価計算の内容の理解を深めるためにも有効と思います。

第2節 ▎ 原価計算における諸概念

　前節で，原価計算の主たる2つの目的について解説しました。実務上は，いかに2つの目的を効率よく，かつ効果的に達成するかがポイントになります。これは新たに原価計算の手続を立案するときはもちろん，既存の原価計算の改善や問題点の検討といった原価計算に関連する何らかの企画が実施される際にも，常に念頭に置きたい点です。

　前述したとおり，原価計算は内部使用目的を達成するために使用する側の要請を反映させなければならない一方で，外部報告目的で使用するからには他社との比較可能性も確保する必要もあり，まったく好き勝手に設定するというわけにもいきません。そこで，この2つの目的を達成する原価計算をどのように設定すればよいのか，その方向性をうまく調和させるためには，全社横断的な方向性の統一と共通理解が必要になります。そのために，原価計算におけるさまざまな実務上の対応を行う前に，共通言語として基本的な諸概念を確認する必要があります。

　これら諸概念は，覚える必要まではありませんが，以降の一般的基準や具体的な原価計算方法を理解するうえでは，ぜひ押さえていただきたい内容です。

1 実際原価と標準原価

(1) 実際原価

　原価計算上，まず出てくる重要な概念は「実際原価」です。原価は，その消費量および価格の算定基準の違いから，実際原価と，後に解説する標準原価とに区別されます。そのうち，実際原価は次のように定義付けられています。

> **実際原価**
> 財貨の実際消費量をもって計算した原価。

これを少々意訳すれば，次のようになります。

> **実際原価**
> 実際の財貨使用量に単価を乗じて計算した原価。

　ここで，初めて「財貨」という用語を使いました。今後も何度か出てくる言葉ですが，イメージとして材料費，人件費，経費等の費用項目全般を想定すればよいと思います。

　実際原価は，厳密には実際の取得価格をもって単価とします。取得価格とは，実際に支出した金額に基づいて算定された単価です。例えば材料費であれば購入の際の代価にその他付随費用も含めて実際に支払った対価であり，労務費においては各人の給与のほか，福利厚生費等，雇用に費やす費用も合わせた実際の支出額から算定します。

　ただし，実際の支出額の集計には時間がかかるため，実務上は，将来の一定期間における実際の取得価格を予想することによって定めた単価（予定価格）を一定期間固定して，実際原価を計算しているケースのほうが多いようです。これは，実務上，実際の取得価格が確定するまで待つと，迅速な意思決定ができない場合が多いからです。

　日々の原材料の消費量や勤務時間の記録があれば，事前に設定してある予定価格を使用すれば，すぐに実際原価を算出することができます。実は，このように実際原価において予定価格を使用する実務は，外部報告目的と内部使用目的を同時達成するために生まれ，原価計算基準でも容認されていることです。

　例えば，意思決定に供する月次の業績評価をする際には予定価格を採用し，在庫の受払記録や労務管理記録等によって，日々，週次もしくは把握した実際

消費量を使えば，それぞれ掛け合わせることで，まずは速報ベースの「内部使用目的の実際原価」が計算されることになります。

　もちろん，いくら精度が高くとも，完全に将来の実際の取得価格を予想することは難しいため，当然にそれと予定価格との差は生じます。財務諸表作成時には，この差額は要求された処理のもと調整したうえで，厳密に計算した実際原価に合わせた金額で外部報告をすることとなります。

　一方で，財務諸表等は作成の回数も四半期や年度という形であり，内部使用目的の実際原価よりも集計回数が少なくなっています。また，財務諸表作成基準日から各所への提出日までは法令等で一定の期間が確保されているため，その期間を使い，実際の取得価格や人件費の実際負担額を集計し，「外部報告目的の実際原価」を計算することは可能であり，そのことは内部使用目的の原価計算のスピード感を損なうものではありません。

　なお，予定価格を採用している会社でも，ほとんどのケースでは概算の取得価格を見積もったうえで，速報ベースで取得価格による実際原価を算出し，予定価格による実際原価との差額を分析し，意思決定に使用しているようです。ただし，このような会社でも，外部報告目的のためには厳密に計算した実際原価，つまりは取得価格と実際使用量によって計算した実際原価を把握し，適時・適切に処理しています。

　以上，ここまで単価を中心に解説してきましたが，実際原価の計算においては，実際消費量の把握について1点だけ条件があります。実際原価で使用する財貨の実際消費量については，原則として，実績として消費された量をそのまま使用しますが，例外として，異常な状態を原因とする異常な消費量は，実際原価の計算上，これを実際消費量としないものとされています。

　例えば，異常に多くの財貨の消費量が生じた場合，正常な年度と異常な年度との間で比較すると，その影響として同一の製品の原価が大きく高騰することとなります。これにより粗利（売上総利益）は大幅に減少しますが，異常事態による影響額自体がこの情報の利用者としては有用なものであるため，その金

額がわかるように，原価とは別に把握し，費用処理することにより外部報告目的を達成することができます。もちろん，異常な影響額を排除した形での数値を把握することは内部使用目的でも有用とは思いますが，筆者は，原価計算基準におけるこの内容は，外部報告目的の要素が強く表れているものと考えています。

以上，ポイントを簡単にまとめると，以下になります。

- 実際原価とは，財貨の実際消費量と実際の取得価格，もしくは予定価格を使って計算された原価である。
- 内部使用目的では予定価格を使用することが多く，その際は外部報告目的のために実際の取得価格と予定価格の差額を調整処理する必要がある。
- 実際に発生した消費量であっても，異常な状態を原因とする異常な消費量は排除のうえ，計算しなければならない。

---

(2) 標準原価

一般に，実際原価と対にして例示されているものが「標準原価」です。これは以下のように定義付けられています。

標準原価

財貨の消費量を科学的，統計的調査に基づいて能率の尺度となるように予定し，かつ，予定価格または正常価格をもって計算した原価。

これについても同様に意訳するならば，以下のように言い換えることが可能です。

> **標準原価**
> 目標としていた財貨消費量に単価を乗じて計算した原価。

　実際原価との大きな違いは，財貨の消費量についても，能率の尺度，例えば会社が効率的と考える目標とすべき数値を設定して「求められるべき量」を計算し，それに基づいて原価計算をします。つまり，消費量までも事前に設定し計算する点にあります。

　実際原価では予定価格を設定し，実際の取得価格と比較することで，外部報告目的と内部使用目的を同時に達成していました。この場合，分析の対象となるのは単価の差額が主体となります。標準原価ではさらに一歩踏み込み，会社が設定したあるべき消費量と実際の消費量との比較を行います。これにより，例えば，原材料が効率的に消費されているか，非効率な労務管理により無駄な時間を費やしていないかについて，実際の消費量や時間数と比較することで改善に利用できるデータを提供することも可能になります。そのため，内部使用目的として，実際原価より一歩進んだ制度であるということができます。ただし，外部報告目的では，単価差や使用量の差によって生じた差額は，予定価格を採用した実際原価と同様に，原価差額として適切にその金額を開示するか，調整のうえ，売上原価や棚卸資産に加減算しなければなりません。

　なお，実務上は，標準原価を採用している会社においても，原価差額について，売上原価や棚卸資産に調整・配賦して実際原価に修正し，外部報告をしているケースが大勢を占めるようです。これは，企業の効率性を測ることのできる原価差額を，単独で外部に開示することを嫌っての処理と推測されます。また，逆に実際原価を採用している会社であっても，標準原価に準じた形で財貨の消費量について事前に一定基準を設け，原価計算の埒外で実際消費量の差を把握し，意思決定に供している会社も多いようです。そのような点からも，実務上はそれぞれの会社で，原価計算の２つの目的を効率的に達成するように厳密に分けて運営されておらず，外部報告目的の際に要請される法令や規則に応

じ，開示数値を計算しているのが実情かもしれません。

ところで，標準原価においては，実際原価でも使用される予定価格と正常価格の2つの単価が使用されることとなります。

「正常価格」とは，経営における異常な状態を排除し，経営活動に関する比較的長期にわたる過去の実際数値を統計的に平準化した単価です。予定価格が過去にかかわらず将来に対して設定される単価であることに対し，正常価格は過去の実勢も含めた形で設定されます。標準原価を採用する際にどちらの単価を採用するかについては，標準原価として会社が何を選択するかによって変わってきます。

なお，外部報告目的も達成しうる選択可能な標準原価とは，以下になります。

> **現実的標準原価**
> 　良好な能率のもとにおいて，その達成が期待されうる標準原価。通常生ずると認められる程度の歩留りや不合格品，遊休時間等の余裕率を含む原価であり，かつ，比較的短期における予定操業度および予定価格を前提として決定され，これら諸条件の変化に伴い，しばしば改訂される標準原価。
>
> **正常原価**
> 　経営における異常な状態を排除し，経営活動に関する比較的長期にわたる過去の実際数値を統計的に平準化し，これに将来の趨勢を加味した正常能率，正常操業度および正常価格に基づいて決定される原価。

概念上は2つの定義が明確に分かれていますが，実務上は，会社が設定すべき将来に達成したい原価計算のモデルを単価，数量面で決定したときに，結果として上記2つのどちらかに区分される，というのがほとんどのケースです。実際に原価計算を企画する担当者は，正確な定義は意識せずに対応しているでしょうし，その対応でまず問題ないものと思います。

なお，上記２つの原価のほかに，「理想標準原価」という概念も存在します。これは，技術的に達成可能な最大操業度のもとにおいて，最高能率を表す最低の原価をいい，財貨の消費における減損，仕損，遊休時間等に対する余裕率を許容しない理想的水準における標準原価として定義されています。この原価は制度上，外部報告目的での採用が認められていないため，会社の参考値としての位置付けで使われるケースがたまに見受けられるものです。

以上の点をまとめると，ポイントは以下になります。

- 標準原価とは，事前に設定された財貨の消費量に，予定価格または正常価格を乗じて計算した原価である。
- 標準原価の計算結果は，当然に実際の財の消費金額と乖離し原価差額が生じるが，その際は外部報告目的のために適切に開示，もしくは調整・配賦する必要がある。
- 実務上，期中は標準原価を採用し，期末に実際原価に組み直して開示している会社が多くみられる。

2 その他のキーワード

実際原価，標準原価と同様に，いくつかの用語が一般に使用されているので，ここでは，それらをまとめて簡単に解説しましょう。

(1) 製品原価と期間原価

原価は，財務諸表上，収益との対応関係に基づいて，「製品原価」と「期間原価」に区別されます。

製品原価とは，一定単位の製品に集計された原価をいいます。イメージとしては，後に解説する材料費，労務費，経費といった実際の製造活動にかかるコ

ストと考えてください。

これに対し，原価計算基準では対応する概念として，期間原価を挙げています。これは，一定期間における発生額を，当期の収益に直接対応させて把握した原価を指します。期間原価に関しては，原価という文言がついていますが，むしろ製品の原価計算には算入されないコストと考えたほうがわかりやすいでしょう。イメージとしては，損益計算書に出てくる販売費及び一般管理費に当たるものと考えればよいと思います。

(2) 全部原価と部分原価

原価は，集計される原価の範囲によって，「全部原価」と「部分原価」に区別されます。

全部原価とは，一定の給付に対して生ずる全部の製造原価またはこれに販売費及び一般管理費を加えて集計したものと定義されています。実務上は，一定期間の製造原価全部を指すことが多いようです。それに対し，部分原価は，何らかの基準により切り離した，全部原価のうちの一部と理解してよいと思います。

部分原価を使うケースで一番多いのは，内部使用目的で，変動直接費と変動間接費を合わせた直接原価（変動原価）として使用する場合でしょう。その中でも特に有名なものが損益分岐点分析です。

(3) 非原価項目

原価計算において，製品の原価には算入しない項目を「非原価項目」といいます。具体的には以下のようになります。

1　経営目的に関連しない価値の減少
　(1)　次の資産に関する減価償却費，管理費，租税等の費用
　　　①　投資資産たる不動産，有価証券，貸付金等

②　未稼働の固定資産
　　③　長期にわたり休止している設備
　　④　その他の経営目的に関連しない資産
　(2)　寄付金等であって経営目的に関連しない支出
　(3)　支払利息，割引料，社債発行割引料償却，社債発行費償却，株式発行費償却，設立費償却，開業費償却，支払保証料等の財務費用
　(4)　有価証券の評価損および売却損
2　異常な状態を原因とする価値の減少
　(1)　異常な仕損，減損，たな卸減耗等
　(2)　火災，震災，風水害，盗難，争議等の偶発的事故による損失
　(3)　予期し得ない陳腐化等によって固定資産に著しい減価を生じた場合の臨時償却費
　(4)　延滞償金，違約金，罰課金，損害賠償金
　(5)　偶発債務損失
　(6)　訴訟費
　(7)　臨時多額の退職手当
　(8)　固定資産売却損および除却損
　(9)　異常な貸倒損失
3　税法上，特に認められている損金算入項目
　(1)　価格変動準備金繰入額
　(2)　租税特別措置法による償却額のうち通常の償却範囲額を超える額
4　その他の利益剰余金に課する項目
　(1)　法人税，所得税，都道府県民税，市町村民税
　(2)　配当金
　(3)　役員賞与金
　(4)　任意積立金繰入額
　(5)　建設利息償却

簡単に分類すると，上記1では生産に関連しない資産の減価償却費や財務費用が中心に挙げられています。

なお，寄付金が非原価項目とされているのは，外部報告目的において求められる期間比較や他社との比較を担保するためと考えられます。例えば，特に寄付金が生じた期間の原価を下げることを容認するならば，他の期間と寄付金が生じた期間との間で売上原価の金額が著しく異なるケースが考えられ，その情報を利用する者が同じ会社の期間比較をする際に，寄付金受入れによって生じた生産コストギャップにより判断を誤らせる可能性があります。同一製品を製造している他社と比較した際にも，同様に判断を誤らせる可能性があるでしょう。

また，最近では固定資産の減損会計が採用されたことから，(1)③に記載のある休止固定資産は，実務上は別途適用される各基準に沿って検討，処理されている点は留意してください。

次に，2については，実際原価で少々触れた異常項目が挙げられています。これも前述したように，外部報告目的の要請からきているものと考えられます。3，4についても，同様に他社との比較可能性を担保するためと考えられます。

なお，上記の列挙はあくまで例示です。これらにかかわらず，1から4までの特徴に当てはまるものが存在した際には，非原価項目としなければならない点にも留意が必要です。

第3節 原価計算の一般的基準

原価計算を行ううえで実務上，根幹のルールとして一般的基準というものがあります。この一般的基準も2つの主たる原価計算の目的を達成するため，また多種多様な会社や製品に対応させるために設定されていることから，少々抽象的な内容となっています。一般的基準は，原価計算の立案から改善，その数値の利用やアウトプットのカスタマイズをするうえで，知っておくべきものです。

1 外部報告目的のための一般的基準

原価計算の一般的基準として，まずは外部報告目的を達成するための以下の内容が存在します。

---

1 原価計算は，原価を一定の給付にかかわらせて集計し，製品原価および期間原価を計算する。すなわち，原価計算は原則として，
  (1) すべての製造原価要素を製品に集計し，損益計算書上売上品の製造原価を売上高に対応させ，貸借対照表上仕掛品，半製品，製品等の製造原価をたな卸資産として計上することを可能にさせ，
  (2) また，販売費及び一般管理費を計算し，これを損益計算書上期間原価として当該期間の売上高に対応させる。
2 原価の数値は，財務会計の原始記録，信頼しうる統計資料等によって，その信憑性が確保されるものでなければならない。このために原価計算は，原則として実際原価を計算する。この場合，実際原価を計算することは，必ずしも原価を取得価格をもって計算することを意味しないで，予定価格等をもって計算することもできる。また必要ある場合には，製品原価を標準原価をもって計算し，これを財務諸表に提供することもできる。
3 原価計算において，原価を予定価格等または標準原価をもって計算する場合には，これと原価の実際発生額との差異は，これを財務会計上適正に処理しなければならない。
4 原価計算は，財務会計機構と有機的に結合して行われるものとする。このために勘定組織には，原価に関する細分記録を統括する諸勘定を設ける。

ここでは，外部に公表する数値を計算する際に原価計算に要求されている内

容や，許容されている範囲について記載されています。

　当該目的においては，1で，すべての製造原価要素を原価計算の対象とすることを要求すると同時に，ここに含んではならない販売費及び一般管理費を区別することを示唆しています。次に，2で，実際原価における予定価格の容認や標準原価の採用を認める一方で，3で原価の実際発生額との差異の処理を要求しています。これは，予定価格や標準原価を採用した際でも，原価の実際発生額は必ず計算し，当該金額がわかるように要請したうえで外部に知らせなければならないことを明確にしています。そしてさらに4で，当該対応ができるような帳簿組織を会社内に確立することを求めています。

　ただし，ここにおいて記載されている内容がある程度幅をもたせた規範的なものとなっているのは，原価計算におけるもう1つの目的である内部使用目的との均衡を得るためであり，その詳細な対応は各人に委ね，あくまで最低限要求する内容を記載しているとも考えられます。そのため，逆に考えるならば，当該一般的基準は，実務において原価計算の新規立案や改善・変更を行う際には必ず念頭に置き，これに沿った形での対応を求めているものとして認識すべきと考えられます。

2 内部使用目的のための一般的基準

　次に，一般的基準として，内部使用目的に供するものが挙げられます。具体的には以下のとおりです。

> 5　原価計算は，経営における管理の権限と責任の委譲を前提とし，作業区分等に基づく部門を管理責任の区分とし，各部門における作業の原価を計算し，各管理区分における原価発生の責任を明らかにさせる。
> 6　原価計算は，原価要素を，機能別に，また直接費と間接費，固定費と変動費，管理可能費と管理不能費の区分に基づいて，分類し，計算する。

> 7　原価計算は，原価の標準の設定，指示から原価の報告に至るまでのすべての計算過程を通じて，原価の物量を測定表示することを重点に置く。
> 8　原価の標準は，原価発生の責任を明らかにし，原価能率を判定する尺度として，これを設定する。原価の標準は，過去の実際原価をもってすることができるが，理想的には，標準原価として設定する。
> 9　原価計算は，原価の実績を，標準と対照比較しうるように計算記録する。
> 10　原価の標準と実績との差異は，これを分析し，報告する。
> 11　原価計算は，原価管理の必要性に応じて，重点的，経済的に，かつ，迅速にこれを行う。
> 12　原価計算は，予算期間において期待されうる条件に基づく予定原価または標準原価を計算して予算，特に費用予算の編成に資料を提供するとともに，予算と対照比較しうるように原価の実績を計算し，もって予算統制に資料を提供する。

　①の外部使用目的に対し，内部使用目的として5から11までは原価管理目的，12については予算管理目的に焦点を当てています。

　まず，5において，外部報告目的ではあまり意識されない管理責任の単位での計算について触れられています。これは，発生した原価を，詳細化した意思決定単位である管理責任者に帰属させ計算することを求めていますが，これにより全社での意思決定だけではなく，会社の各部門別，ライン別といった詳細な単位での意思決定目的で使用されるべく集計する必要があるということが記載されています。

　次に6において，原価要素を特徴ごとに分け多面的に，かつ分解して計算することが記載されています。これも原価を使用者の目的に合わせて分解することによって，より効果的な情報を提供することを示唆しているものと考えられ

ます。

　続いて，7から10にかけては，標準原価を採用する際の留意点について記載されています。9において標準原価を採用する際でも原価の実績を記録計算することを求めていますが，この点は①の3に共通する点です。ただし，ここでは10に記載のある差異の分析こそが内部使用目的においてより有用であることを記しているものと考えます。

　最後に11ですが，原価計算における費用対効果に加え，内部使用目的上重要となる迅速性についても確認されています。

　以上の点について，内部使用目的の一部である原価管理目的が外部報告目的と異なる点は，前者は自社内の管理会計制度を確立する際のポイントをより明確にしている点であると考えられます。もちろん，外部報告目的と異なり，あくまで使用者の独自の考えによって設計・運用できる部分ではあるため，強い拘束力はないでしょう。しかし，内容として内部使用目的の視点からの原価計算のポイントが端的にまとめられているため，実務上は原価計算において何らかの企画を実施する際にはぜひ参考にしたい内容です。

　最後に12で，予算に関する原価計算の機能について挙げられていますが，これは予算編成の際にも，将来の実情に応じた予定原価や標準原価を実際の原価を計算するのと同様に実施し，追って実際原価や標準原価と比較することによってより精度の高い有用な情報を提供できる点を指摘しているものと考えます。

第4節　外部報告目的のための原価計算における留意点

　前節まで，原価計算の目的や原価計算基準について解説してきました。本節以降では，原価計算の目的（外部報告目的と内部使用目的）について，実務上の留意点等について確認していきます。まずは「外部報告目的」です。

　原価計算について外部に開示するものとして，まずは製造原価報告書が挙げ

られます（図表1-3）。

図表1-3 製造原価報告書

```
Ⅰ　材料費
　　1　期首材料棚卸高　　　×××
　　2　当期材料仕入高　　　×××
　　　　合計　　　　　　　　　　　×××
　　3　期末材料棚卸高　　　×××
　　　当期材料費　　　　　　　　×××
Ⅱ　労務費
　　1　直接工賃金　　　　　×××
　　2　間接工賃金　　　　　×××
　　　当期労務費　　　　　　　　×××
Ⅲ　経費
　　1　外注加工賃　　　　　×××
　　2　減価償却費　　　　　×××
　　3　その他経費　　　　　×××
　　　当期経費　　　　　　　　　×××
　　　合計　　　　　　　　　　　　　　　×××
　　　製造間接費配賦差異　　　　　　×××
　　　当期総製造費用　　　　　　　　×××
　　　期首仕掛品棚卸高　　　　　　　×××
　　　合計　　　　　　　　　　　　　　　×××
　　　期末仕掛品棚卸高　　　　　　　×××
　　　当期製品製造原価　　　　　　　×××
```

　これは，会社の1年の製造活動について，材料費や労務費といった原価要素別に集計され，いかに当期製品製造原価が算出されたかを表現しています。以降，第2章で細かい作成の仕方について解説しますので，現状はイメージで捉え，製造間接費配賦差異等々の用語については追って確認してください。

　ここで記載されている製造原価報告書の数値は，そのまま該当する財務諸表の金額と一致することになります。逆にいうと，財務諸表上の数値を確定させるために原価計算を行い，その内容を規則に沿って製造原価報告書として表現している，と言い換えることもできます。

具体的には，残高を表す期末材料棚卸高，期末仕掛品棚卸高の残高は貸借対照表の棚卸資産の一部を構成しており，当期製品製造原価は損益計算書上の売上原価を構成することになります。端的にいうと，狭義の外部報告のための原価計算は，この製造原価報告書を作成するために行う，といってもよいかもしれません。

　ただし，製造原価報告書を強制的に開示しなければならないと規定する法令は，唯一，財務諸表等規則（「財務諸表等の用語，様式及び作成方法に関する規則」第75条第2項）にしか存在しないことに留意する必要があります。この規則は有価証券報告書提出会社のうち，個別財務諸表（提出会社単体での財務諸表）において当期製品製造原価が発生している会社にのみ適用されています。

　しかし，先に記載したとおり，製造原価報告書を公表するとしないとにかかわらず，当該計算を行わない限り，主たる財務諸表である貸借対照表，損益計算書を作成できないのも事実です。その点から，広義の外部報告のための原価計算は，財務諸表等を作成するために行う，と考えられます。

　いずれにしても，ここで作成者が意識すべきは，製造原価報告書が直接の公表の対象とはならないまでも，その計算結果が必ず外部の目に触れる，という点です。この場合，当該金額を使用するのは株主，金融機関を含む債権者から主要取引先，税務署等々，それこそインターネットの発達した現在においては一度公表したものはどこでどのように使用されるか想像もできません。そのため，作成者が意図するとしないとにかかわらず，原価計算基準制定当時とは比べ物にならないくらいのスピードで，同じく想像もできない広さで，非常に多くの人の目に触れることを十分認識したうえで原価計算を実施しなければなりません。原価計算基準への準拠による他社との比較可能性の確保と，同一の計算手法の継続的採用による過去との期間比較性を担保し，どの質問者による，どのような質問にもすべて答えられるように原価計算制度を構築していることが，一層求められてきているのです。

　また，原価計算基準制定時にはキャッシュ・フロー計算書やセグメント情報は想定されていなかったと考えられますが，当該2つの情報も当然に（連結）

貸借対照表や（連結）損益計算書との整合性が存在します。それらは，原価計算とはあまり直接的に関わらないかもしれません。また，製造原価報告書が連結での開示が求められていないため，それぞれの整合性をとって分析することはあまり想定されていません。しかし，製造原価報告書や会社の原価計算の手法と間接的につながることもあるため，念のため，開示の際に頭の片隅に入れておくとよいでしょう。

第5節 ▎ 内部使用目的のための原価計算における留意点

　内部使用目的における原価計算の場合，外部報告目的とは異なり，基本的に外部の目を気にすることなく原価計算を設定することも可能です。そのため，計算の前提において，さまざまな点で大変広い自由度を有することになります。

　例えば，集計の期間については，外部報告目的においては各種書類の提出期間に応じた原価計算の実施が要求されます。一方で，内部使用目的であれば，極端な場合，必要に応じて期間を細分化することも可能です。一般的には，月次の集計を行い，次月以降の意思決定に供しているケースが多くみられますが，例えば日々の製造活動の結果を集計することも可能ですし，場合によっては時間ごとの原価計算を実施し，何らかの意思決定に寄与する情報を抽出することもありえます。

　また，原価計算を実施する際の製品単位も，内部者の使用目的により，いかようにも設定することができます。外部報告目的の原価計算では，原則として集計単位は会社単位ですが，内部使用目的であればその集計範囲も細分化し，製品ごと，工場ごと，エリアごとといったさまざまな切り口で原価計算を実施することもできます。

　ただし，ここで意識していただきたいのは，目的が違えども製造活動の真実は1つであることから，原則として，外部報告目的の原価計算と内部使用目的の原価計算の結果は一致させることになります。もちろん，外部報告目的の原

価計算と内部使用目的の原価計算とをそれぞれのシステムによって計算することも実務上考えられますが,最終的に出てくる数値は,大本となる原価計算の方針が1つであることから一致させ運用しているケースがほとんどです。

会社によっては管理上の内部使用目的の原価計算を外部報告目的の原価計算の埒外で実施しているケースもありますが,一般的にはマネジメント層は外部報告目的の原価計算と密接にリンクしている会計上の利益と,内部使用目的の原価計算結果との双方を合わせて複眼的に意思決定している点から,それら2つの原価計算結果は最終的に一致する形で運用しています。もちろん,ここでも経済合理性は意識することになります。

以上をまとめると,以下の点が内部使用目的の原価計算における留意点となり,そのほとんどが原価計算制度の最初の構築時に存在します。

- 経営上の意思決定において,どのような金額(データ)が必要となるか
- いかに外部報告目的の原価計算の結果と一致させるか
- 費用対効果をどの点で均衡させるか

では,どのようにすれば有用,かつ,有効な原価計算を構築することができるのでしょうか。この点は各社各様,一概には答えられないかもしれませんが,次章以降でそのヒントとなるよう,原価計算の手法や考え方について解説していきます。

第2章

原価計算の要素

第 1 節 原価計算要素の分類

みなさんは,ある製品を目の前にして,「この製品の原価はいったいいくらなのだろう」と考えてみたとき,その原価についてどのようなイメージを持つでしょうか。「素材の購入コスト」,「作っている人の給料」,「工場の設備投資費用」……などいろいろな要素を思い浮かべるかと思います。

製品の原価は,実にさまざまな要素によって構成されています。このことをイメージしていただくため,簡単な設例を用いて考えていきます。

設例2-1 製品原価を構成する要素

■前提条件
- あなたはラーメン屋を経営しています。
- ラーメン屋のメニューは,醤油ラーメン,味噌ラーメン,塩ラーメンの3種類です。
- 今月使用した材料費は次のとおりです。
  ──醤油ラーメンに使用した材料:10万円
  ──味噌ラーメンに使用した材料:10万円
  ──塩ラーメンに使用した材料:10万円
  ──すべてのラーメンに使用した共通材料(麺,スープのベースなど):15万円
- アルバイト2名を雇って店舗の運営を行っており,月給30万円を支払いました。
- その他,店舗の賃借料に15万円/月,水道光熱費に10万円/月がかかりました。
- ラーメンの販売価格はすべて1杯700円です。
- 今月は1,500杯を売りました。

この条件のもとで,1か月間に生じたラーメンの原価の総合計はいくらになるでしょうか。

計算方法はごくシンプルです。単に1か月に要したすべての費用を合計すれ

ば，原価の総合計を算出することができます。正解は次のとおり，100万円です。

10万円＋10万円＋10万円＋15万円（材料費）＋30万円（労務費）＋15万円
　＋10万円（経費）＝100万円

また，原価の集計が終われば，次はこの商売で利益が出たかどうかを確認したくなると思います。これも，ごくシンプルに，1か月間の原価合計と売上合計を比較すれば確かめることができます。このケースでは，ラーメンを1杯700円で月に1,500杯を売ったので，売上金額は700円×1,500杯＝105万円です。したがって，売上（105万円）＞原価（100万円）となり，何とか採算がとれた，ということができます。

以上のような簡単な設例で考えれば，原価にはさまざまな要素が含まれていることが直観的に理解できると思います。

しかし一方で，「ラーメン1杯の原価なんて，麺とトッピングの具材とスープを合わせてもせいぜい300円程度なのに，700円で売るのは高すぎないか」といった類の話を耳にすることがあります。これは「製品の原価＝材料費」と考えてしまったために生じる誤解です。上記のような例を見てみると，発生する原価は材料費のみではないことがわかります。さらに，ビジネスを行ううえでは，これらの原価に対して一定の利益を上乗せして販売する必要があるので，材料費との比較のみでは，その製品が割高かどうかの判断を簡単にはできないはずです。

この例からもわかるように，一般的に，製品は「材料を使い」，「人が働き」，「施設や設備を使用する」ことによりつくられます。製品をつくり上げるプロセスで，消費されたこれらの要素（経済資源）が原価の意味するところです。

このように，原価要素は，「どのような経済資源か」という観点で，「材料費」，「労務費」，「経費」の3つに分類することができます。原価の構成要素と

なる。具体的な費目や勘定科目は，これらの原価要素のいずれかに分類されます。なお，このような分類方法を「形態別分類」といい，**図表2-1**のように行います。

図表2-1 原価の形態別分類

材料費
　モノ（材料）を製造活動において消費したときに生じる原価（例：原料費，買入部品費，消耗品費など）。
労務費
　ヒト（労働サービス）を企業活動において消費したときに生じる原価（例：賃金，給料，賞与，福利費など）。
経費
　材料費・労務費以外の原価（例：減価償却費，棚卸減耗費，賃借料，電力料，旅費交通費など）。

ところで，少し話は変わりますが，「製造原価報告書」という財務書類があります。これは，第1章でも少々言及しましたが，製品の製造原価を，材料費，労務費，経費の要素別に表すものです。

一方，企業の経営成績を表す書類として「損益計算書（P/L）」があり，どのくらい売上や原価が発生し，最終的にどのくらい利益をあげたかを示します。この損益計算書の中で，製品の原価はどのように表されるかというと，「売上原価（販売した製品にかかった原価）」という科目たった1つ，1行で表現されてしまいます。先ほどの例で見たように，製品を製造する原価の裏には，実にさまざまな要素が隠されているにもかかわらず，このような開示となっています。

製品の原価がどのような要素で構成されているかは，企業を取り巻く利害関係者にとって大変有用な情報です。例えば，あなたがある会社の株主であると仮定します。その会社で，昨年より大幅に原価が増加したり，他社と比較してみて原価が割高だったりした場合，どのような原因でそういう結果となってい

るのかが気になるかと思います。材料が高くなったためなのか，人件費が上昇したためなのか，それとも他に要因があるのか，などいろいろ知りたくなると思います。

このようなニーズを補うために作成されるのが「製造原価報告書」です。この書類は，原価の構成要素別に，製品原価の内訳を表し，制度上，製造原価の比重が高い製造業などの業種において，その作成が義務付けられています。

「製造原価報告書」を先の設例に基づいて作成してみると，**図表2-2**のようになります。この書類をみれば，製造原価100がどのような構成要素ででき上がっているのかを把握することができます。上場会社は財務情報の公開が義務付けられていますので，製造原価報告書も有価証券報告書などの書類を通じて見ることができますので，一度ご覧いただくことにより一層具体的なイメージを持つことができると思います。

図表2-2 製造原価報告書の例（設例2-1の場合）

```
製造原価報告書
                        （単位：万円）
 Ⅰ  材料費
     期首材料棚卸高      0
     当期材料仕入高     45
     合計              45
     期末材料棚卸高      0
     当月材料費                45
 Ⅱ  労務費
     賃金             30
     当月労務費                30
 Ⅲ  経費
     賃借料            15
     水道光熱費         10
     当月経費                  25
     当月総製造費用           100
```

次節以降では，原価要素別の原価計算の方法を，材料費・労務費・経費の順

に確認していきます。

第2節　費目別計算の実務

本節では，前節で確認した原価要素の種類別に，それぞれ計算方法を説明していきます。材料費，労務費，経費と，イメージしやすい順序にみていきましょう。

1　材料費計算の実務

(1)　材料費の分類

材料費とは，モノを消費したときに生じる原価要素のことです。具体的には，次のような項目があります。

> **主要材料費**
> 　製品の主要な素材に係る費用（鉄鋼，木材など）。主原料費ともいう。
> **買入部品費**
> 　購入した姿のまま製品に組み込む部品に係る費用（ICチップ，配線板など）。
> **補助材料費**
> 　間接的な形で製品に使用される素材に係る費用（塗料，接着剤など）。副原材料費ともいう。
> **工場消耗品費**
> 　生産設備に使用される，製品の製造に間接的に要する費用（機械油，燃料など）。

> **消耗工具器具備品費**
> 固定資産に計上するほど重要性のない，工具や器具などの生産設備に係る費用（ドライバー，机など）。

　素材（主要材料費）や塗料（補助材料費）などは製品の見た目に表れますので，材料費としてのイメージをしやすいと思います。

　留意が必要なのは，これらのほか，設備に使う機械油（工場消耗品費）やドライバー（消耗工具器具備品費）なども材料費に含まれる点です。これらは一見すると，「経費（材料費でも労務費でもない原価）」と混同してしまいがちです。もっとも，仮に材料費か経費かの分類を誤ったとしても，多くの場合，製品原価の計算結果（金額）は変わりません。なぜなら，いずれに判断したところで，同じ「製造間接費」として製品に振り分けて計算されることになるからです（4を参照）。

　しかし，前述のとおり，「製造原価報告書」には原価の要素ごとの内訳を記載する必要があるため，各要素の範囲を明確にしておかなければなりません。例えば，ある原価要素をA社では材料費に含め，B社では経費に含める，などとしていては，企業間比較ができなくなってしまうからです。そこで，原価計算基準ではその定義や範囲を明確に定めており，各社はそれに従わなければなりません。実務上は，どの勘定科目がどの原価要素に相当するのかを，ルールとしてしっかりと決めておくことが重要であると考えられます。

① 直接材料費と間接材料費の分類

　材料費は，製品との関わりを直接的に把握できるかどうかによって，次のように分類することができます。

> **直接材料費**
> 　製品との関連を直接的に把握できる材料費（例：主要材料費と買入部品費）。
>
> **間接材料費**
> 　製品との関連を直接的に把握できない材料費（例：補助材料費，工場消耗品費，消耗工具器具備品費）。

　このような分類が必要なのは，直接材料費と間接材料費とでは，原価計算のプロセスが大きく異なるからです。詳しくは，4で説明しますが，原価計算において，材料費の最終的なゴールは製品の原価ですので，材料と製品とを何とか結び付ける方法を考えなければなりません。この点，直接材料費は結び付いている製品が明らかなので問題ないのですが，間接材料費はどのように製品に結び付けるのかを検討する必要があり，別の計算プロセスを経ることとなります。

　もう少し話を具体的にしましょう。まず直接材料費の代表例は，主要材料費と買入部品費です。これらは素材そのもの，または組込部品などですので，それ自体が直接的に製品に姿を変えます。したがって，見た目からしても，通常は製品との紐付けが容易であるため，直接材料費に該当します。
　一方，間接材料費の代表例は，補助材料費，工場消耗品費，消耗工具器具備品費です。補助材料費は，定義からもわかるように間接的に製品へ姿を変えるタイプの材料費です。また，工場消耗品費や消耗工具器具備品費は，製造現場で使用される機械油やドライバーなどの物品です。したがって，これらは通常，製品との紐付けが直接的にできない，または困難なため間接材料費に該当します。
　なお，以上が原価計算基準で想定している材料費の分類方法ですが，実務上はもう少し簡単に考えても差し支えありません。これは，定義や理屈がわかっ

ていたとしても,「製品に対して直接的に紐付けできるものかどうか」を,いざ材料1つひとつに当てはめて考え始めると,思いのほか判断に迷ってしまうためです。例えば,材料として使用している塗料が,1つの製品の製造にしか使われていなかったとします。このとき,原価計算基準に従えば,補助材料費として間接材料費に分類されそうですが,「製品に直接的に紐付けができるのだから直接材料費ではないのか」という疑問が生じます。

この疑問はまさに的を射たものであり,実態としては直接材料費といえるかもしれません。この点,実務上,実態に合った判断を行う方法として多く利用されているのが,製品の「設計表」や「配合表」に載っている材料か否かで判断する方法です。「設計表」や「配合表」とは,ある製品をつくるのに「どの材料を,どれだけ使用するか」をまとめた表のことで,製造業を営む企業であれば,通常は製品ごとに作成しているはずです。これらに登録されている材料は製品に直接的に紐付けができるので直接材料費とし,逆に登録されていない材料は製品に直接的に紐付けができないので間接材料費とします。例えば,原価計算基準において,塗料や接着剤などの補助材料費は間接材料費とされています。しかし,ある製品の設計表に"塗料(接着剤):○○g"などと登録されている材料であれば,製品との直接的な紐付けができるのですから,むしろ直接材料費として扱うほうが理論的です。

図表2-3 製品配合表の例

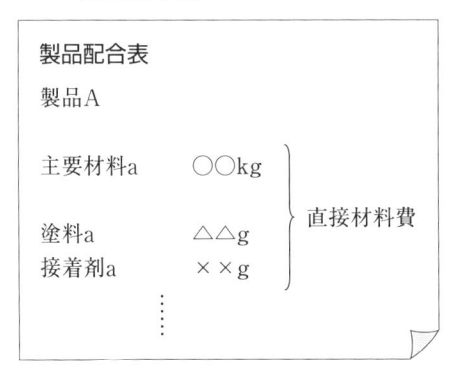

```
製品配合表
製品A

主要材料a    ○○kg
                        ┐
塗料a       △△g        ├ 直接材料費
接着剤a     ××g        ┘
 ⋮
```

② 材料費の把握方法による分類

また，材料費をどのように把握するのかによって，次のように分類することができます。

- 「材料費＝消費額」とするもの（例：主要材料費，買入部品費，補助材料費）
- 「材料費＝購入額」とするもの（例：工場消耗品費，消耗工具器具備品費）

企業は，製品をつくるとき，材料を仕入れ（購入），製造工程に投入します（消費）。この際，購入した材料のすべてが原価計算期間中に製造工程に投入されるとは限りません。むしろ通常は，販売予測や受注状況などに応じて，生産量をうまくコントロールできるように，一定量の材料を在庫として手元に置いておくかと思います。このような場合，購入したものをそのまま原価にしてしまうか，使ったもののみを原価とするか，その実態に沿って集計するのが当該分類方法です。

理論的には，原価は「消費された経済的資源」ですから，「材料費＝消費額」とするのが正解です。しかし実務上，材料の消費額を把握するのは，思いのほか手間がかかります。そこで，金額的にも，質的にも重要性が高くないような材料については，消費額の把握を省略してしまい，「材料費＝購入額」とみなすのです。

なお，「材料費＝消費額」としなければならないものの代表例は，主要材料費，買入部品費，補助材料費です。これらは，直接的・間接的に製品そのものへ姿を変える材料費ですので，通常は，原価要素として重要性が高く，また，金額も通常は多額となる場合が多いものです。これらの材料については，入出庫記録（購入による入庫，生産ライン投入による出庫）をつけて材料消費量を把握し，製造工程に投入されたものを材料費として原価計算上は処理します。

一方，「材料費＝購入額」としてよいものの代表例は，工場消耗品費，消耗

工具器具備品費です。これらは，製品そのものへ姿を変える材料費ではないので比較的重要性が低く，また，金額も通常は多額となりません。そこで，これらの材料については，入出庫記録などの手続を省略し，買い入れたものはそのまま消費されたものと考え，買入額を材料費として処理します。

③ 材料の管理体制と消費量

以上が原価計算基準で想定している材料費の分類ですが，この分類に関しても実務上はもう少し単純に考えることができます。

原価計算基準では，費目別に，主要材料費・買入部品費・補助材料費は「材

図表2-4 材料の管理体制と消費量

入出庫管理を行っている場合（消費量を把握できる）

期首材料	当期消費	
	（記帳） 10kg	⇨材料費
当期購入	期末材料	

当期に10kg消費したことが出庫記録から把握できる
➡消費した10kgを材料費とする

実地棚卸を行っている場合（消費量を把握できる）

期首材料	3kg	当期消費	
		（差引計算）	⇨材料費
当期購入	12kg	期末材料（実地棚卸高） 5kg	

期首材料3kg，当期購入材料12kg，期末材料5kg
➡当期消費材料は差引計算（3kg+12kg−5kg＝10kg）によって把握できる
➡消費した10kgを材料費とする

入出庫管理や実地棚卸を行っていない場合（消費量を把握できない）

当期購入	10kg	当期消費	10kg	⇨材料費

当期に10kgを購入した
➡入出庫管理を行っておらず，実地棚卸も行っていない（消費量を把握できない）
➡当期購入10kgをそのまま消費量とみなし，材料費とする

料費＝消費額」，工場消耗品費・消耗工具器具備品費は「材料費＝購入額」とされていますが，実務においては，費目から機械的に判断するものではありません。逆に，現在の材料管理体制において，消費量を把握できる材料なのか否かで考えます。具体的には，入出庫管理や実地棚卸を行う対象としている材料は消費量を把握できるはずなので，原則どおり「材料費＝消費額」とし，それらの管理を省略している材料は消費量を把握できないので簡便的に「材料費＝購入額」とします。企業は，重要性の高い材料については消費量を把握できるような管理を行い，そうでない材料については管理を省略する場合が多いため，実態に照らしてもこのような判断は合理的と思われます。

④ 材料費分類のまとめ

以上の材料費の分類を整理すると，**図表２-５**のとおりとなります。

図表２-５ 材料費の分類

〈原価計算基準が想定する分類方法〉

種　類	直接費 or 間接費	材料費の把握方法
主要材料費	直接材料費	材料費＝消費額 （消費量を把握できる材料）
買入部品費		
補助材料費	間接材料費	
工場消耗品費		材料費＝購入額 （消費量を把握できない材料）
消耗工具器具備品費		

〈実務上の分類方法〉

- 直接材料費と間接材料費の分類
  直接材料費➡製品の設計表・配合表に登録されている材料
  間接材料費➡製品の設計表・配合表に登録されていない材料
- 材料費の把握方法（「材料費＝消費額」と「材料費＝購入額」の分類）
  「材料費＝消費額」➡入出庫管理や実地棚卸を行っている材料
  「材料費＝購入額」➡入出庫管理や実地棚卸を行っていない材料

⑤ 材料費計上から製品原価計算までの流れ

原価計算基準上の分類を前提に，材料費を計上してから製品原価に集計されるまでの流れを図示したものが**図表2-6**です。主要材料費，買入部品費などの直接材料費は，直接，仕掛品や製品へ集計されますが，補助材料費，工場消耗品費，消耗工具器具備品費などの間接材料費は，いったん製造間接費に集計したうえで，仕掛品，製品へ集計されます。

また，主要材料費，買入部品費，補助材料費などは「消費額」のみが原価として集計されますが，工場消耗品費，消耗工具器具備品費などは「購入額」がそのまま原価として集計されます。

図表2-6　材料費から製品までの流れ

主要材料費，買入部品費		仕掛品		製品	
期首在庫	仕掛品 (材料消費額)	期首在庫	製品 (製品完成額)	期首在庫	当期 (製品販売額)
買掛金 (材料購入額)	期末在庫	材料費 製造間接費 (材料投入額)	期末在庫	仕掛品 (製品完成額)	期末在庫

補助材料費		製造間接費	
期首在庫	製造間接費 (材料消費額)	間接材料費 (材料投入額)	仕掛品 (材料投入額)
買掛金 (材料購入額)	期末在庫		

工場消耗品費，消耗工具器具備品費	
買掛金 (材料購入額)	製造間接費 (材料消費額)

⑥ 材料勘定から仕掛品勘定への振替えのタイミング

「仕掛品」とは，製造工程に投入されてから製品が完成する前までの状態のものをいいます。勘定処理上，材料はいったん材料勘定（資産勘定）に計上さ

れたうえで，仕掛品勘定に振り替えられます。

ここで，どのタイミングで，材料勘定から仕掛品勘定への振替えを行うかに留意が必要です。そのタイミングを，材料現物の動きに照らして確認したいと思います。一般的な現物としての材料の動きは次のとおりです。

まず，発注した材料が仕入先から納品されます。納品された材料は，数量や品質などの検収を経たうえで，いったん材料保管倉庫（以下，「材料庫」といいます）に貯蔵されます。次に，生産決定があったときに，出庫指示に従って材料庫から製造現場に出庫されます。そして製造現場に到着した材料は，製造指示に従い製造工程に投入されます。

発注 ➡ 納品 ➡ 検収 ➡ 保管 ➡ 出庫指示 ➡ 製造工程

材料勘定から仕掛品勘定への振替えは，材料が「消費された」タイミングで行います。すなわち，この流れの中では，製造工程に投入されたタイミングで行うこととなります。

図表2-7 材料の動きと会計処理

材料の動き	会計処理
仕入先 ➡ 材料庫	（借）材　料　×××　（貸）買掛金　×××
材料庫 ➡ 製造現場（一時保管）	なし（保管場所が変わっただけ）
製造現場（一時保管）➡ 製造工程	（借）仕掛品　×××　（貸）材　料　×××

よくある間違いとして，材料庫にあるものは材料，製造現場にあるものは仕掛品としてしまうケースがみられます。しかし，置き場所を移動しただけでは消費とはいえません。製造現場で一時的に生産待機が行われて即時に消費されない場合もあるからです。一見細かい話のようですが，仕掛品の金額は，原価差異の会計処理などを行ううえで大きな影響を与えるため，実務上は大変重要な判断となります。

例えば，材料から仕掛品に振り替えるタイミングが早過ぎて，実態よりも仕掛品が過大となってしまったとします。このとき，原価差異（第3章第4節参

照）が不利差異（原価を増加させる差異）として発生していたとすると，原価差異が期末仕掛品へ上乗せされるので，さらに仕掛品の過大額が増えます。製造原価は，期首仕掛品と当期総製造費用の合計から期末仕掛品を差し引いて算出するため，**図表2-8**のように，期末仕掛品が増えた分，当期製品製造原価は減少することになります。製造原価は費用ですから，その費用が減少するということは，その分利益が増加することを意味します。一方で，この利益は仕掛品の過大計上に基づくものであり，いわば架空の利益といえます。すなわち，材料から仕掛品への振替タイミングを誤るだけで，架空の利益計上につながってしまうおそれがあるのです。

図表2-8 仕掛品が増加すると…

期首仕掛品	当期製品製造原価	製造原価が減少する＝利益が増加する
当期総製造費用（材料費・労務費・経費）	原価差異（不利差異）	
	期末仕掛品	期末仕掛品が増加する

(2) 材料費の計算方法

図表2-6をもう一度ご覧ください。一番左にある3つのボックスが材料費のボックスです。材料費計算は，このボックス内の各々の金額を計算する手続のことをいいます。

ここでは，次の2点がポイントとなります。

- 材料購入原価をどのように計算するか
- 材料消費原価をどのように計算するか

材料費ボックスは，購入した材料が左側から入り，消費した材料が右側から出ていくというイメージを持ってください。したがって，材料購入原価の計算

は材料費ボックスの左側の金額をどのように決定するかを意味し，材料消費原価の計算は材料費ボックスの右側の金額をどのように決定するかを意味します。

それでは，具体的な計算例を用いて説明します。

設例2-2　材料費の計算

■前提条件

[金額データ]
- 期首在庫金額（繰越金額）132,000円
- 材料購入代価　1,000,000円
- 買入手数料（外部副費）　30,000円
- 引取運賃（外部副費）　50,000円
- 検収費（内部副費）　20,000円

[数量データ]
- 期首在庫数量　100kg
- 材料仕入数量　1,000kg
- 期末在庫数量　150kg
- 材料消費数量　900kg

① 材料購入原価の決定

まず，材料ボックス左側の話から考えてみましょう。購入した材料の原価，すなわち材料の購入原価がいくらなのかを考えてみます。

材料購入代価が1,000,000円とあります。「購入代価」という言葉は，送り状や請求書などに記載された価額を意味し，一般的な「モノの値段」のイメージです。しかし，材料の購入原価がこれのみでよいかというと，十分ではありません。設例では材料1,000kgを購入するために，その他の付随費用が発生しています。これらはどれも，材料を購入するにあたって負担を避けることのできない費用です。このような購入する際の不可避な費用は，原則として，材料の購入原価に集計する必要があります。設例では，会社外部に対する費用（外部副費といいます）として「買入手数料」と「引取運賃」が，会社内部の費用（内部副費といいます）として「検収費」が発生しています。これらはどれも，

材料を購入するにあたって不可避的に生じるため、材料の仕入額に含めるのが原則なのです。ただし、重要性の乏しい外部副費や内部副費については、購入原価に算入しないことも認められています。

以上から、本設例の材料購入原価は**図表2-9**のように計算されます。

図表2-9 材料購入原価の計算

```
            購入              消費
仕入先  ──────→ 原材料倉庫 ──────→ 製造現場

購入代価    材料副費
         ┌─────────────────────────┐
         │ (外部副費)    (内部副費) │
         │  買入手数料    検収費    │
         │  引取運賃                │
         └─────────────────────────┘

材料購入原価 = 購入代価 + 材料副費（※）
           = 1,000,000円 + （30,000円 + 50,000円 + 20,000円）
           = 1,100,000円
```

（※）ただし、外部副費のうち重要性が乏しいもの、内部副費は算入しないこともできる。

なお、実務上は、購入原価を「購入代価」+「外部副費のうち重要なもの」とするケースが多いと思われます。定期購買する材料については、どのようなコストが付随して生じるのかが大体決まっています。どのコストを材料購入原価に含めるのかは、購入の都度判断するのではなく、そのコストの重要性に照らして、あらかじめ社内ルールを決めておき、継続して運用します。

② **材料消費原価の決定**

次に、材料消費原価がいくらになるのかを考えてみます。今度は材料ボックスの右側の話です。消費量の把握を行わずに「材料費＝購入額」とする場合は、新たな計算は不要ですので問題となりません。一方で、「材料費＝消費額」とする場合にはどのように計算するのでしょうか。これらの材料消費額は、次の計算式によって計算することとなります。

> 材料消費原価 ＝ 消費価格 × 消費数量

したがって，材料消費原価を算定するためには「消費価格」と「消費数量」を把握する必要があります。

a. 消費数量

まず，材料の消費数量はどのように把握するのか，具体的には「継続記録法」（**図表2-10**）と「棚卸計算法」（**図表2-11**）の2つの方法があります。

図表2-10 継続記録法

【継続記録法：材料の仕入・消費の都度，その入出庫数量を継続記録する方法】
① 仕入の都度，入庫数量を記録する。
　↓
② 消費の都度，出庫数量を記録する。
　↓
③ 期末在庫数量（理論数量）を差引計算（期首在庫数量＋仕入数量－消費数量）で求める。
　↓
④ 実地棚卸を行い，期末在庫数量（実際数量）を確定する。
　↓
⑤ 期末在庫数量（理論数量）と期末在庫数量（実際数量）との間に差異があれば，「棚卸減耗費」として処理する。

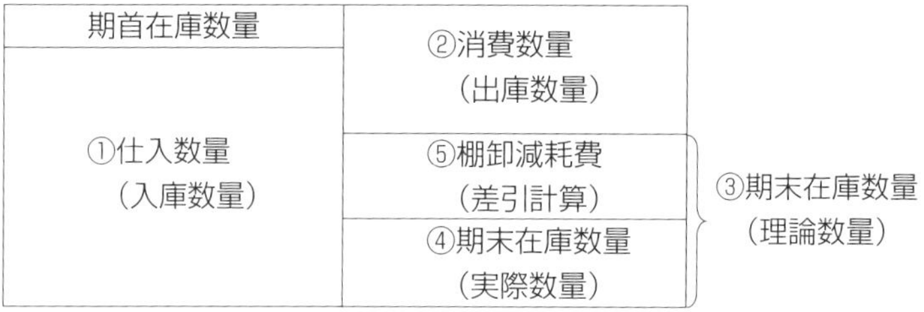

期首在庫数量	②消費数量（出庫数量）	
①仕入数量（入庫数量）	⑤棚卸減耗費（差引計算）	③期末在庫数量（理論数量）
	④期末在庫数量（実際数量）	

（棚卸減耗費の会計処理）
正常な原因で生じたもの：製造原価
異常な原因で生じたもの：非原価項目

図表2-11 棚卸計算法

【棚卸計算法：材料の仕入の記録のみを行い，消費量は実地棚卸高から逆算する方法】
① 材料仕入の都度，入庫数量を記録する。
　↓
② 材料が消費されても，出庫数量の記録は行わない。
　↓
③ 実地棚卸を行い，期末在庫数量（実際数量）を確定する。
　↓
④ 消費数量を差引計算（期首在庫数量＋仕入数量－期末在庫数量）で算出する。

期首在庫数量	②消費数量
	④（差引計算）
①仕入数量	③期末在庫数量
（入庫数量）	（実際数量）

消費数量は差引きの結果にすぎないため，棚卸減耗によって減少した数量も混入することになる。したがって，**棚卸減耗費を個別には把握できない。**

　両者の長所と短所をまとめたのが**図表2-12**です。
　継続記録法は仕入記録のみならず消費記録も継続的に行いますので，実務負担は大きいものの，その分，計算の正確性が高まります。また，期末に実地棚卸を実施した際に，棚卸減耗を把握することができます。
　棚卸減耗とは，実地棚卸で確定した数量が，帳簿上の数量と食い違う場合の差額をいい，破損，蒸発，紛失，盗難などによって生じます。継続記録法を行えば，期末在庫数量（理論値）を導くことができるため，実地棚卸数量との差額として，棚卸減耗を把握することができるのです。この棚卸減耗の原因分析を行うことで歩留まり向上など，原価管理に役立てることができ，制度上も継続記録法を原則的な方法としています。しかし，事務手続は煩雑となりますので，工場消耗品や消耗工具器具備品などの重要性の低い材料については，通常，

簡便な棚卸計算法が用いられます。

なお，棚卸減耗費は，その発生原因が正常の生産工程において不可避的に生じたものは，製造原価とします。一方，天災・盗難などの異常な原因によって生じたものは，非原価項目とします。

図表2-12 継続記録法と棚卸計算法の比較

	長　　所	短　　所
継続記録法 （原則法）	・正確な消費量を把握できる ・製品別・部門別の消費量を把握できる ・棚卸減耗費を把握できる（材料管理に有効）	・煩雑である
棚卸計算法 （簡便法）	・実務負担が少ない	・消費量は逆算値にすぎない ・製品別・部門別の消費量の把握ができない ・棚卸減耗費を把握できない

b．消費価格

次に，消費価格，つまり材料庫から製造現場へ払い出された材料の単価をどのように決めるかを考える必要があります。原価計算において使用するのは，この場合は受入れ時の単価ではなく，払出し時の単価です。

材料の価格水準が常に一定であれば，払出単価は受入単価（購入単価）と常に一致するので問題となりません。しかし，材料価格は仕入先や市況などの影響を受けて変動するものです。したがって，さまざまなタイミングで購入した材料には，さまざまな単価が付されていることになり，材料庫に保管されている材料にもさまざまな単価のものが混在していることになります。この中から材料を払い出すわけですから，どのような単価を用いればよいのかが問題となります。

具体的な方法として，平均法（総平均法，移動平均法），先入先出法，個別法などの計算方法があります（**図表2-13参照**）。

図表2-13 消費価格の決め方

総平均法
　ある期間内の金額データと数量データに基づいて,「1つの」平均単価を求める方法。平均単価は,（期首在庫金額＋期中仕入金額）÷（期首在庫数量＋期中仕入数量）によって算出する。対応する期間内の消費価格も一定となる。図表2-14の数値例においても期間内の消費価格はすべて@14.0となっている。

移動平均法
　単価の異なるものを購入する都度,平均単価を見直す方法です。消費価格は,消費が行われた時点の直近の単価を用いることとなり,総平均法のように一定の単価とはならない。図表2-14の数値例においても1月15日の消費単価が@12.0で,1月25日の消費単価が@14.5と,異なった単価が計算される。

先入先出法
　先に購入した材料から先に消費するという仮定で,消費価格を決定する方法。消費価格を把握するためには,対応する購入データ（数量と単価）を調べる必要がある。

個別法
　すべての材料を個別管理し,消費された材料に対応する購入価格を消費価格とする方法。高級品や個体管理ができるような特殊な材料を除き,採用されない。

　図表2-14で,各々の計算方法を確認したいと思います。

図表2-14 消費価格の数値例

（数値例）当社ではある材料を継続記録法により,入出庫記録をつけています。

・ある期間の入出庫データは次のとおりです。

	摘要	単価	数量	金額
1月1日	期首材料	10.0	100	1,000
1月10日	材料購入	13.0	200	2,600
1月15日	材料消費	?	100	?
1月20日	材料購入	17.0	200	3,400
1月25日	材料消費	?	200	?
1月31日	期末材料	?	200	?

- 各方法による消費単価の計算結果は次のとおりです。

総平均法

	摘要	単価	数量	金額	
1月1日	期首材料	10.0	100	1,000	
1月10日	材料購入	13.0	200	2,600	
1月15日	材料消費	14.0	100	1,400	※1
1月20日	材料購入	17.0	200	3,400	
1月25日	材料消費	14.0	200	2,800	※1
1月31日	期末材料	14.0	200	2,800	※1

※1 総平均単価＝（1,000＋2,600＋3,400）÷（100＋200＋200）＝@14

移動平均法

	摘要	単価	数量	金額	
1月1日	期首材料	10.0	100	1,000	
1月10日	材料購入	13.0	200	2,600	
1月15日	材料消費	12.0	100	1,200	※1
1月20日	材料購入	17.0	200	3,400	
1月25日	材料消費	14.5	200	2,900	※2
1月31日	期末材料	14.5	200	2,900	※2

※1 1月15日時点の移動平均単価＝（1,000＋2,600）÷（100＋200）＝@12
※2 1月25日時点の移動平均単価＝（2,400＋3,400）÷（200＋200）＝@14.5

先入先出法

	摘要	単価	数量	金額	
1月1日	期首材料	10.0	100	1,000	
1月10日	材料購入	13.0	200	2,600	
1月15日	材料消費	10.0	100	1,000	※1
1月20日	材料購入	17.0	200	3,400	
1月25日	材料消費	13.0	200	2,600	※2
1月31日	期末材料	17.0	200	3,400	※3

※1 1月15日の消費100は期首材料から行われたものと仮定する。
※2 1月25日の消費200は1月10日購入分から行われたものと仮定する。
※3 期末材料は1月20日購入分によって構成されるものと仮定する。

間違えやすいのが，これらはあくまで，会計上，どのような仮定を置いて材料の単価を決めるかの話であって，日本の現行会計基準において，必ずしも，実際のモノの動きとマッチさせる必要はないということです。例えば，実際のモノの動きに照らして考えるならば，液体や気体など，混じり合ってしまうような材料であれば，平均法がなじむように思えます。また，食材などであれば古いものから順に出庫していくと想定されることから，先入先出法がなじむように思えます。もちろん，そのように考えれば，より実態に即した結果になるため望ましいといえますが，現行制度上は，液体や気体に先入先出法を用いることも，食材に平均法を用いることも可能です。ただし，いったん採用した方法は正当な理由がある場合を除き，みだりに変更してはなりません。例えば，前期に先入先出法を用いていたのに当期は総平均法を用いると，期間比較ができなくなるおそれが生じます。

　なお，個別法はすべての材料を個別管理するので，ある面では，最も実態を忠実に表す処理方法ともいえます。しかし，すべての材料を個別管理するのは，実務において相当煩雑な手続を伴います。したがって，個別法は一部の高級品など，金額的重要性が高く，荷動きも少なく，同一物認定が可能な材料を除き，実務ではあまり用いられません。

　また，移動平均法や先入先出法は，出庫ごとの単価を計算して適用する必要がありますので，これもそれなりに煩雑です。この点，総平均法は原価計算期間中の出庫単価を一律に扱えるため，実務上は最も採用されることが多い方法です。ただし，総平均法のデメリットとして，原価計算期間後にならないと単価の計算を行うことができないという点が挙げられます。

　最後に，より具体的なイメージを持っていただくために，先ほどの設例2-2を用いて材料費計算を行ってみましょう（**図表2-15**）。なお，消費数量は継続記録法により把握しているものとし，消費価格は総平均法によって計算しているものとします。

図表2-15 材料費計算のまとめ

期首在庫数量：100kg 期首在庫金額：132,000円	消費数量：900kg 消費金額：③	
仕入数量：1,000kg 仕入金額：1,100,000円	期末在庫数量（理論数量）：①	棚卸減耗数量：② 棚卸減耗金額：④ 期末在庫数量（実際数量）：150kg 期末在庫金額：⑤

① 期末在庫数量（理論数量）＝期首在庫数量＋仕入数量－消費数量＝100kg＋1,000kg－900kg＝200kg
② 棚卸減耗数量＝期末在庫数量（理論数量）－期末在庫数量（実際数量）＝200kg－150kg＝50kg
③ 消費金額＝総平均単価（※）×消費数量＝1,120円×900kg＝1,008,000円
④ 棚卸減耗金額＝総平均単価（※）×棚卸減耗数量＝1,120円×50kg＝56,000円
⑤ 期末在庫金額＝総平均単価（※）×150kg＝1,120円×150kg＝168,000円
（※）総平均単価＝（期首在庫金額＋期中仕入金額）÷（期首在庫数量＋期中仕入数量）によって算出した平均単価＝（132,000円＋1,100,000円）÷（100kg＋1,000kg）＝1,120円

(3) 予定価格

① 実際原価でのデメリット

材料の消費金額を算出する場合，期首在庫数量・金額と実際仕入数量・金額から実際消費価格を算出し，これに実際消費数量を乗じることにより計算する，と説明してきました。しかし，この方法には次のようなデメリットがあります。

a. 消費金額を迅速に計算できない

実際消費価格を用いる場合，原価計算期間中の仕入がすべて完了しないと，その単価を算出できません。これでは，原価計算期間中に消費数量が把握できたとしても，消費金額は計算できませんので，材料費（消費金額）の計算は，自ずと原価計算期間終了後となってしまいます。

b. 価格変動の影響を受けるため，消費能率を把握しづらくなる

例えば，ある期の製品1単位当たりの材料費が次のとおりだったとします。

前月：実際消費価格@1,000円×実際消費数量100kg＝100,000円
当月：実際消費価格@900円×実際消費数量110kg＝99,000円

材料費自体は100,000円から99,000円に落ちていますので，一見すると会社にとって喜ばしいことのようですが，実際は異なる結果となっています。確認すると，材料費が落ちているのは，消費価格が@1,000円から@900円に下落しているのが要因であって，消費数量は逆に1単位当たり100kgから110kgに増えてしまっています。原価管理の観点では，消費能率が大事なので，価格よりも消費数量を重視する必要があります。この点，実際消費価格を用いると，金額からは消費能率が把握しづらくなります。

以上のようなデメリットを解消するために，原価計算期間の初めに期中の材料費価格を予想して，あらかじめ定めた材料の価格を用いて材料費計算（消費金額の計算）を行う方法がとられる場合があります。このように予想した価格を「予定消費価格」といいます。

予定消費価格を用いれば，消費数量が確定さえすれば消費金額を算出することができ（a），価格の変化にかかわらず，期間を通じて一定の価格を用いることで，材料費に消費能率の良否だけを反映することができます（b）。

ただし，予定消費価格を用いた場合であっても，財務会計上の原価は，最終的には実際原価としなければなりません。したがって，予定消費価格を用いた計算に加え，実際消費金額の計算も並行して行わなければならないので留意が必要です。ただし，このような条件下であったとしても，スピーディに計算を行い，かつ適時・適切に原価管理を行うためには予定価格は大変有用な方法です。

② 予定価格を採用した場合の材料費計算

それでは，予定価格を採用した場合の材料費計算を，具体的な計算例を用いて確認します。

図表2-16 予定価格を採用した場合の材料費計算例

[材料の予定消費価格]
　@1,100円／kg
[金額データ]
・期首在庫金額（繰越金額）132,000円
・材料仕入金額　1,100,000円
[数量データ]
・期首在庫数量　100kg
・材料仕入数量　1,000kg
・材料消費数量　900kg
・期末在庫数量　200kg（実地棚卸の結果，棚卸減耗はなかった）

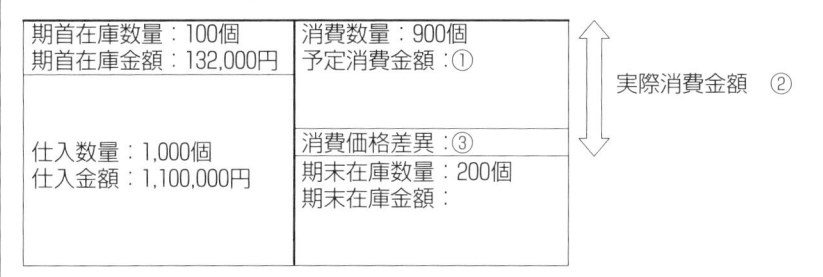

期首在庫数量：100個 期首在庫金額：132,000円	消費数量：900個 予定消費金額：①	
		実際消費金額　②
仕入数量：1,000個 仕入金額：1,100,000円	消費価格差異：③	
	期末在庫数量：200個 期末在庫金額：	

① 予定消費金額＝予定消費価格×消費数量＝1,100円×900kg＝990,000円
② 実際消費金額＝総平均単価（※）×消費数量＝1,120円×900kg＝1,008,000円
（※）総平均単価＝（期首在庫金額＋期中仕入金額）÷（期首在庫数量＋期中仕入数量）によって算出した平均単価＝（132,000円＋1,100,000円）÷（100kg＋1,000kg）＝1,120円
③ 消費価格差異＝①－②＝990,000円－1,008,000円＝△18,000円（不利差異）

予定消費価格はあらかじめ@1,100円で固定されているため，消費数量が確定した時点において，即座に消費金額を計算することができます（**図表2-16**

①)。また，消費金額は実際価格の影響を受けず，その多寡は消費数量のみによって決まるので，消費能率を浮き彫りにすることができます。

③ 消費価格差異

予定消費金額は，あくまで予想値に基づいて計算した結果にすぎませんので，実際消費金額との間に差額が生じます。予定消費金額から実際消費金額を差し引いた差額のことを「消費価格差異」といいます。図表2-16の計算例においても，予定消費金額が990,000円だったのに対し，実際消費金額は1,008,000円と予定をオーバーしているので，消費価格差異が△18,000円生じています。

なお，本ケースのように，実際消費金額が予定消費金額を上回る場合の差異を「不利差異」といいます。この場合の「不利」という言葉は，実際かかったコストが予定を上回ってしまったというイメージです。また逆に，実際消費金額が予定消費金額を下回る場合の差異を「有利差異」といいます。

このように算出された消費価格差異は，原則として売上原価に加減します。ただし，差異が多額となる場合は，売上原価だけでなく，期末製品や期末仕掛品などの期末棚卸資産にも振り分ける必要があります。

図表2-17　有利差異と不利差異

```
実際価格：
  1,120円   消費価格差異
予定価格：   (@1,100円－@1,120円)×900kg＝△18,000円
  1,100円
           予定消費金額
           @1,100円×900kg＝990,000円

                                    消費数量：
                                      900kg

予定消費金額 ＜ 実際消費金額の場合  ➡  不利差異
予定消費金額 ＞ 実際消費金額の場合  ➡  有利差異
```

2 労務費計算の実務

(1) 労務費の分類

労務費とは，ヒト（労働サービス）の消費に対して生じる原価をいいます。企業はさまざまな形で従業員を雇用し，従業員の労働サービスを消費します。この労働サービスの対価が労務費です。

① 従業員の分類

企業に労働サービスを提供する従業員の関わり方はさまざまです。従業員が提供する労働サービスの種類によって，従業員は大きく分けて工員と職員に分類することができます。工員というと，モノの加工を担う従業員がイメージされますが，モノの加工を直接行う従業員ばかりではなく，機械の修繕やモノの運搬などの間接的な作業を行う従業員も工員に含まれるという点に注意が必要です。

工員

製造部門の従業員
- 直接工：モノの加工に直接携わる工員（機械工，組立工）
- 間接工：モノの加工以外の間接的な作業を行う工員（修理工，運搬工）

職員

経理，総務，人事などの製造部門以外の従業員

---

② 労務費の支払形態による分類

労務費は，その支払形態の切り口から，次のように分類することができます。

> **労務主費**
> - 基本給：労働の主たる対価として支払うもの
>   ——基本賃金：工員に対して支払う基本給
>   ——基本給料：職員に対して支払う基本給
> - 加給金：残業手当，休日手当などの**作業に関係する**手当
> - 諸手当：家族手当，住宅手当などの**作業に関係しない**手当
> - 賞与：夏季や冬季に特別に支払うもの
>
> **労務副費**
> - 退職給付費用：従業員の退職金支払のために繰り入れられる費用
> - 法定福利費：健康保険，年金費用などの社会保険料の会社負担額

　退職給付にかかる費用や社会保険料の会社負担額などは，個人の給与明細に登場しませんので，イメージしづらいかもしれませんが，これらも労務費に含まれます。また，社会保険料の会社負担額とは，社会保険料の多くは従業員と会社が折半して支払うことが法律で定められており，このときに会社が負担する分のことです。個人の給与明細でも，社会保険料が天引きされていると思いますが，これは折半したうちの従業員負担額に当たります。

③　労務費の消費形態による分類

　原価計算上はこれらの労務費を消費形態別に，直接労務費と間接労務費に分類する必要があります。これは，労働サービスの消費が製品の製造に直接関連するものかどうかによる分類です。このような分類が必要なのは，直接材料費と間接材料費の分類と同様，両者の計算プロセスや取扱いが異なるからです。すなわち，直接労務費は製品に直接賦課し，間接労務費はいったん製造間接費に集計したうえで製品に配賦します。

　直接労務費と間接労務費に区分するにあたって最も留意しなければならないのは，直接工の労務費です。直接工が提供する労働サービスは，全額が直接労

務費となるわけではなく，間接作業に従事すれば間接労務費となるためです。したがって，直接工の勤務時間を分解する必要があります。直接工の勤務時間は，一般的に**図表2-18**のように整理されます。最大のポイントは，就業時間（賃金支給対象時間）を，直接作業時間と間接作業時間に切り分けることです。

図表2-18 直接工の勤務時間

勤務時間					
就業時間（労務費の支給対象）					休憩時間
実働時間				手待時間	
直接作業時間		間接作業時間			
加工時間	段取時間				
←──── 直接労務費 ────→		←──────── 間接労務費 ────────→			

　このような直接工の勤務データを入手するためには，「作業日報」などを直接工に作成・報告してもらう必要があります。作業日報には，通常，勤務時間区分別に「どのライン・製品に」，「何時間作業したか」を記録する必要があります（**図表2-19**参照）。

　一方で，作業日報の作成・報告は，作成する側にとっても，管理・集計する側にとっても，大きな実務負担になります。実務負担の度合いは，どれだけ詳細に作成するかによりますが，この点，単に財務諸表作成目的の観点からは，直接作業時間と間接作業時間の区分のみで十分でしょう。また，原価管理目的からは，どの製品でどれだけの無駄が生じているのかなどを把握しなくてはなりませんので，ある程度，細かなデータが必要となります。会社にとっての原価計算目的と実務負担の程度を考慮して，最もよい「落としどころ」を探ることが肝要です。

図表2-19 作業日報の例

作業日報				
氏名	○○			
職員番号	1234			
部門	製造1課			
日付	×年×月×日			

		ライン名	製品名	時間数	
1．加工時間		Aライン	a1	1.5	
		Aライン	a2	0.5	
		Bライン	b1	0.5	
		小計		2.5	直接労務費
2．段取時間		Aライン	a2	0.5	
		Bライン	b2	1	
		Bライン	b3	1	
		Cライン	c1	0.5	
		小計		3	
3．間接作業時間				1	
4．手待時間				0.5	間接労務費
5．休憩時間				1	
合計				8	

　ところで，原価計算上，このような詳細な勤務データ内訳の入手は直接工の勤務時間に対して行われ，間接工の勤務時間に対してまでは，必ずしも行う必要がありません。なぜなら，前述のとおり，直接工の労務費には，直接労務費と間接労務費が混在する一方で，間接工の労務費はすべてが間接労務費となるため，原価計算の観点では区分する意義に乏しいのです。

(2) 労務費の計算

　労務費の計算は，具体的には次のように行われます。

```
┌─────────────────────────────────────────────────────────┐
│ 直接工の労務費                                              │
│   直接作業労務費＝賃率×直接作業時間  ➡  直接労務費            │
│   間接作業労務費＝賃率×間接作業時間  ➡  間接労務費            │
│   手待時間労務費＝賃率×手待時間    ➡  間接労務費            │
│ 間接工の労務費                                              │
│   要支払額  ➡  間接労務費                                  │
│ 職員の労務費                                                │
│   要支払額  ➡  間接労務費                                  │
└─────────────────────────────────────────────────────────┘
```

 このように，直接労務費となるのは直接工の直接作業時間（加工時間・段取時間）に対応する賃金で，その他は主に間接労務費となります。そのため，直接工の労務費だけは，総額（要支払額）ではなく，単価×時間の計算をする必要があります。

① 直接工の賃率

a. 実際賃率

 直接工の賃率は，原則として，賃金の要支払額を就業時間で除して算定します。分母の就業時間は，「直接作業時間（加工時間，段取時間）＋間接作業時間＋手待時間」の合計ですが，言い換えれば，労務費の支給対象となる時間を意味します（前掲図表2-18参照）。

 また，分子の支払賃金の範囲は，原則として「基本賃金＋加給金」です。これはすなわち，直接工が本来の職能（工場での就業）に携わったことへの対価を意味します。したがって，加工作業に直接関係しない諸手当や賞与などは含みません。

 ただし，基本賃金や加給金に限らず，諸手当や賞与なども，工具を雇用すれば当然に発生するコストです。これらのコストも織り込んで賃率を算定しないと，原価の実態が見えづらくなると考える会社も少なくなく，分子の範囲は会

社の考え方によってさまざまです。

> 直接工の賃率 ＝ 給与計算期間賃金の要支払額 / 原価計算期間の就業時間
>
> 分子の賃金の範囲
>   原則：基本賃金＋加給金（※）
>   （※）基本賃金や加給金のほか，諸手当や賞与などの労務費も加えて計算することがある。

b．予定賃率

直接工の賃率は，実際賃率によるほか，予定賃率を利用することができます。材料費計算において予定消費価格を利用する場合と同様（本節①(3)），計算の迅速化・簡略化および，作業能率の可視化向上などのメリットがあります。

なお，予定賃率は次の計算式によって計算します。

> 直接工の予定賃率 ＝ 給与計算期間賃金の予定額 / 原価計算期間の予定就業時間

② 直接工の作業時間

直接工の作業時間は，直接工の作業日報などから，勤務時間を前掲図表2－18の分類に従って集計します。

③ 要支払額

なお，直接工の賃率算定の基礎となる労務費，間接工や職員に対する労務費は「要支払額」とされています。これは，単なる「支払額」と区別して用いられる言葉で，「支払の有無を問わず，すでに発生している労務費を原価として計上する」ということを意味します。

例えば，給与支給が毎月25日払いの会社において，次の給与データがあったとします。

- 前月25日～前月末の未払賃金：10,000円
- 当月25日における賃金支払額：230,000円
- 当月25日～当月末の未払賃金：20,000円

このデータに基づく当月の既支払額と要支払額は，次のとおりとなります。

- 支払額：230,000円
- 要支払額＝230,000円＋20,000円－10,000円＝240,000円

図表2-20 要支払額の計算ボックス

当月支払額 230,000円	前月未払額 10,000円
	当月要支払額 240,000円
当月未払額 20,000円	

④ **計算例**

以下の設例に基づき，計算例を確認します。

設例2-3　労務費の計算

■前提条件

[労務費データ]

	直接工	間接工
基本給	200,000円	150,000円
加給金	70,000円	50,000円
諸手当	30,000円	30,000円
当月未払額	50,000円	20,000円
前月未払額	40,000円	10,000円

[直接工の就業時間]

加工時間	直接作業時間	150時間
段取時間		25時間
間接作業時間		15時間
手待時間		10時間
就業時間（合計）		200時間

■労務費の計算

- 直接工の実際賃率＝給与計算期間賃金の要支払額（基本給＋加給金）÷原価計算期間の就業時間

　　＝｛(支払額：200,000円＋70,000円)＋(当月未払額：50,000円)－(前月未払額：40,000円)｝÷200時間

　　＝1,400円/時間

　（※）分子の賃金の範囲は，基本賃金および加給金のみとする。

- 直接工の労務費

　直接労務費＝実際賃率×直接作業時間

　　　　　　＝1,400円/時間×(150時間＋25時間)＝245,000円

　間接労務費＝実際賃率×(間接作業時間＋手待時間)＋諸手当

　　　　　　＝1,400円/時間×(15時間＋10時間)＋30,000＝65,000円

- 間接工の労務費（間接労務費）＝要支払額

　＝(支払額：150,000円＋50,000円＋30,000円)＋(当月未払額：20,000円)－(前月未払額：10,000円)

　＝240,000円

図表2-21 労務費の計算例

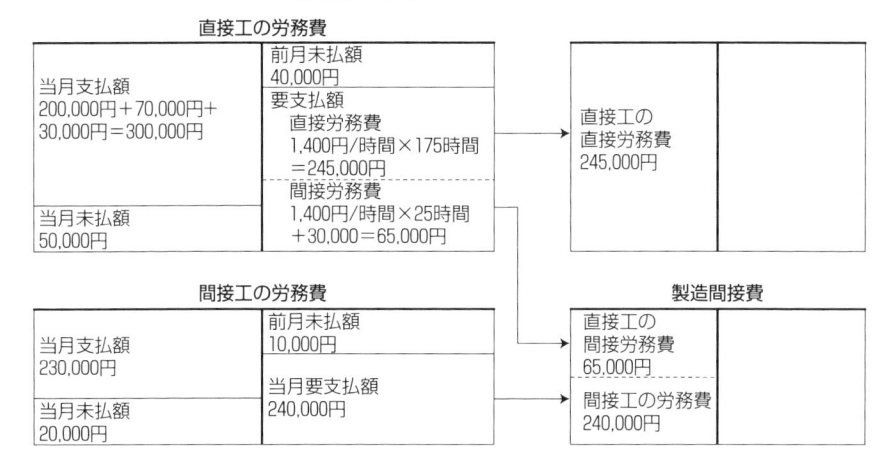

直接工の労務費

当月支払額 200,000円＋70,000円＋ 30,000円＝300,000円	前月未払額 40,000円
	要支払額 　直接労務費 　　1,400円/時間×175時間 　　＝245,000円
	間接労務費 　1,400円/時間×25時間 　＋30,000＝65,000円
当月未払額 50,000円	

→ 直接工の直接労務費 245,000円

間接工の労務費

当月支払額 230,000円	前月未払額 10,000円
	当月要支払額 240,000円
当月未払額 20,000円	

製造間接費

直接工の間接労務費 65,000円
間接工の労務費 240,000円

3 経費計算の実務

(1) 直接経費と間接経費

「経費」とは，材料費，労務費以外の原価要素をいいます。具体的には，福利厚生費，減価償却費，水道光熱費，外注加工賃などです。

経費は，製品の製造に対して直接的に把握できるかどうかによって，「直接経費」と「間接経費」に分類することができます。製品に直接結び付けられる経費はあまり多くありません。個別原価計算（第3章）においては，製造指図書ごとに把握・認識できる外注加工費などの経費が直接経費となりますが，これ以外の大部分は間接経費と考えて差し支えないでしょう。また，総合原価計算（第3章）においては，製造指図書が存在せず，直接的に製品に紐付けられる経費はありませんので，ほとんどが間接経費となります。

(2) 間接経費の計算方法の種類

間接経費は実際発生額をもって原価としますが，経費の種類によって，具体的には次のような計算方法があります。

① 支払経費

支払経費とは，支払領収証，請求書などに記載されている実際支払額により把握される経費です（福利施設負担額，福利厚生費，旅費交通費など）。

> （例）　福利厚生費：当月支払額100,000円，当月未払額30,000円，前月未払額20,000円。
> ➡支払経費＝100,000円＋30,000円－20,000円＝110,000円

② 月割経費

月割経費とは，原価計算期間中における月割計算によって計算される経費です（減価償却費，賃借料など）。

> （例）　減価償却費：取得原価12,000,000円の製造機械を，耐用年数10年にわたり定額法により償却している。
> ➡月割経費＝12,000,000円÷10年÷12か月＝100,000円

③ 測定経費

測定経費とは，原価計算期間中における消費量をメーターなどで計測することで把握される経費です（水道光熱費など）。

（例） 水道料金：基本料金6,000円，量料金@400円／㎡，メーターから把握された今月の使用量200㎡。
➡測定経費＝6,000円＋@400円×200㎡＝86,000円

④ 発生経費

発生経費とは，特定の事象の発生によって把握，計算される経費です（棚卸減耗費など）。

（例） 棚卸減耗費：当月末の帳簿上の材料残高は300,000円で，実地棚卸によって把握された実際の材料残高は250,000円だった。
➡発生経費＝300,000円－250,000円＝50,000円

間接経費は製品と直接的な結び付きがないため，**図表2-22**のように，「製造間接費」として集計したうえで，製品に配賦することになります。

図表2-22 間接経費の扱い

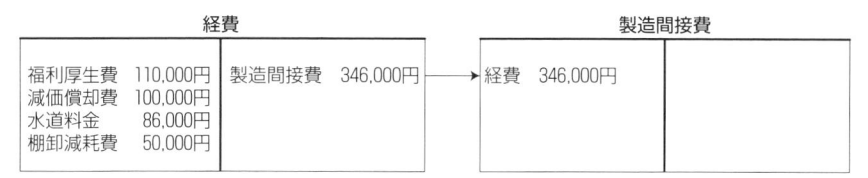

経費		製造間接費	
福利厚生費　110,000円 減価償却費　100,000円 水道料金　　86,000円 棚卸減耗費　50,000円	製造間接費　346,000円 →	経費　346,000円	

さらにイメージを深めていただくために，いくつかの例示を用いて確認したいと思います。なお，経費は，材料費や労務費と異なり，製品との結び付きが弱いため，製造原価に含めるべき経費の範囲もあいまいになりがちです。そこで，製品の製造に関わるものを製造原価とし，それ以外を販売費及び一般管理費として，慎重に分類する必要があります。

直接経費
① 外注加工費：製品の加工作業の一部を外部企業に委託する場合に要する費用。
→ 月締めの委託業者からの請求額を使用する。なお，請求締日が月末ではない場合には，締日から月末までの発生額を調整する必要がある。

間接経費
支払経費
① 福利施設負担額：社宅，保養所などの，従業員の福利厚生目的の施設に要する費用。
→ 社宅や保養所の運営を外部委託している場合であれば，支払請求額をそのまま使用する。また，自社運営であれば，運営に伴う人件費や，そこで使用した各種経費，建物等の減価償却費をひとまとめにして福利施設負担額とする。なお，外部委託，自社運営のいずれの場合も，利用した従業員が費用負担を行う場合は，従業員負担額を控除し，会社負担額のみが福利施設負担額となる。製造原価と一般管理費の按分は従業員数や利用者数などに基づいて行うのが一般的である。
② 福利厚生費：社員旅行，歓送迎会などの，従業員の福利厚生に要する費用
→ 福利厚生により生じた費用のうち，従業員負担額を控除した会社負担額を福利厚生費とする。製造部門や製造に関わる間接部門の従業員について生じたものを製造原価に含め，それ以外は一般管理費とする。
③ 旅費交通費：電車代，飛行機代などの交通費や宿泊代などの旅費。
→ 製造部門や製造に関わる間接部門の従業員について生じたものを製造原価に含め，それ以外は一般管理費とする。

月割経費
④ 減価償却費：工場の建物・製造設備などの減価償却費。

> ➡固定資産の管理台帳で計算される減価償却費のうち，製造部門に関わるものを製造原価に含める。なお，リース物件について別途経費処理しているものについても，製造部門に関わるものは同様に製造原価に含める必要がある。
> ⑤ 賃借料：工場の建物・製造設備などの賃借料。
> ➡月額での支払請求額を使用する。なお，販売部門等と共同使用している建物等については，使用面積等により按分し，製造部門に関わるものを製造原価とする。
>
> **測定経費**
> ⑥ 水道光熱費：水道料，ガス代，電力料など。
> ➡基本料と使用料を使用する。なお，一般的に25日等，月末以外の締日を基準に請求が来るため，原則として，締日から月末までの使用料をメーターで測定し，自己計算によって加減算する必要がある。
>
> **発生経費**
> ⑦ 棚卸減耗費：材料の棚卸減耗した原価など。
> ➡実地棚卸により認識された，理論残高と実際残高の差額を計上する。

(3) 外注加工費

「外注加工費」とは，製品の加工作業の一部を外部企業に委託する場合の経費をいいます。特殊な加工技術を要する場合や，量産体制を持つ専門他社のほうが有利に加工できる場合などに，外注加工が行われます。外注加工費の多くが製品に対して直接的に把握することができるため，一般的には直接経費に該当し，製品に直接賦課される経費です。

なお，原価計算の観点から，外注加工の形態は次の2つに大別されます。

> **無償支給**
> 外注加工の対象となる材料を無償で支給する方法。
> 対象となる材料は無償で支給し，加工賃のみを支払う。
>
> **有償支給**
> 外注加工の対象となる材料を有償で支給する方法。
> 対象となる材料の手配は発注元が行うが，材料の原価（または一定の利益を上乗せした価格）で外注先に支給し，加工賃を上乗せした価格で完成品を引き取る。
> （※）消費税法において，有償による材料支給取引は課税売上取引となり，完成品の納入取引は課税仕入取引となる。

外注加工を行う場合における会計処理はどのようになるのか，次の設例に基づいて具体的に確認します。

設例2-4　外注加工費の会計処理

■前提条件
- 外注加工の対象となる材料の原価：1,000円
- 無償支給における加工賃：400円
- 有償支給における加工前材料の支給価額：1,100円（※）
- 有償支給における加工後材料（完成品）の納入価額：1,500円（※）

（※）完成品の納入価額1,500円と材料の支給価額1,100円の差額400円が加工賃に相当します。

有償支給の場合，材料支給に伴い「未収入金」という債権勘定が計上される点に特徴があります。また，有償支給の場合，消費税法において，材料支給取引は課税売上取引となり，完成品の納入取引は課税仕入取引となるため，留意が必要です。

図表2-23 外注加工の会計処理

〈無償支給の場合〉

材料支給時	(借) 仕 掛 品	1,000	(貸) 材 料	1,000
完成品受給時	(借) 外注加工費	400	(貸) 買 掛 金	400
	(借) 仕 掛 品	400	(貸) 外注加工費	400
代金決済時	(借) 買 掛 金	400	(貸) 現 金	400

〈有償支給の場合〉

材料支給時	(借) 未 収 入 金	1,100	(貸) 材 料	1,100
完成品受給時	(借) 材 料	1,500	(貸) 買 掛 金	1,500
	(借) 仕 掛 品	1,500	(貸) 材 料	1,500
代金決済時	(借) 買 掛 金	1,500	(貸) 未 収 入 金	1,100
			現 金	400

4 製造間接費の計算実務

　これまでみてきたように，原価の要素は材料費・労務費・経費に分類されます。各々の構成要素の中でも，製品の製造と関連性が強いものは，製造直接費，すなわち直接材料費・直接労務費・直接経費です。これらは製品に直接賦課されますので，その集計にもあまり苦労を要しません。

　一方で，製品の製造と関連性が直接的に見出せない原価もあります。これらの原価を製造間接費といい，製品の製造に何らかの貢献をしていることは明らかであっても，どの製品にどれだけの貢献をしたのかが不明な原価の集まりであり，これをどのように製品に振り分けるかが問題となります。具体的には，間接材料費・間接労務費・間接経費に分類されますが，これらを合理的に各製品に配分する手続が必要となります。この製造間接費の配分手続のことを，「製造間接費の配賦」といいます。

(1) 製造間接費の配賦方法

製造間接費の配賦計算は，一定期間の製造間接費を集計し，当該集計額をある操業度（＝配賦基準総数）で除して，製造間接費配賦率を算定したうえで，これを製品別の配賦基準発生数を乗じることにより行われます。

```
┌─────────────────────────────────────────────────┐
│ ①  製造間接費（間接材料費・間接労務費・間接経費）の集計 │
└─────────────────────────────────────────────────┘
                       ↓
┌─────────────────────────────────────────────────┐
│ ②  操業度の集計                                  │
└─────────────────────────────────────────────────┘
                       ↓
┌─────────────────────────────────────────────────┐
│ ③  製造間接費配賦率の算定                         │
│    製造間接費（①）÷操業度（②）                   │
└─────────────────────────────────────────────────┘
                       ↓
┌─────────────────────────────────────────────────┐
│ ④  製品別に製造間接費を配賦                       │
│    製造間接費配賦率（③）×製品別の配賦基準発生数    │
└─────────────────────────────────────────────────┘
```

(2) 配賦基準の要件

まず，製造間接費の配賦基準として用いる指標は，製造間接費の発生と因果関係をもつものでなければなりません。すなわち，配賦基準値の増減が製造間接費の増減と連動するような指標である必要があります。このことは経済的実態に忠実な原価計算を行ううえで，とても大事な要件です。

一方で，これらの配賦基準は経済的に入手できるものでなければなりません。いかに製造間接費の発生と連動する理想的な基準であっても，実務上入手ができない，または著しく困難なものでは，実際問題，原価計算が行えないからです。また，製造間接費と連動する同じような複数の配賦基準が存在する場合には，経済的に入手しやすいほうを採用することも重要です。

> **配賦基準**
> 次の要件を総合的に勘案して決定。
> ① 製造間接費の発生を忠実に表す指標であること（忠実性）
> ② 経済的に入手が可能・容易な指標であること（経済性）

このような要件を満たす配賦基準としては，具体的にはどのようなものがあるのでしょうか。大別すると次のように，「量的基準」と「金額的基準」に分類することができます。

> **量的基準**
> - **生産量基準**：生産個数や生産重量などの生産量を配賦基準とする方法。生産個数や生産重量などは製品管理のために必ず入手するデータなので，データを入手しやすいというメリットがある。一方で，製品の規格が製品別に大きく異なるような場合は，実態から乖離する可能性がある。
> - **直接作業時間基準**：直接工の直接作業時間などを配賦基準とする方法。直接工の直接作業時間は直接労務費を計算するためにも（本節②(2)），必ず入手するデータなので，データを入手しやすいというメリットがある。一方で，製品の製造が人手よりも機械への依存度が高いような場合には，直接作業時間と製造間接費の発生の因果関係が薄いことが考えられるため，実態から大幅に乖離してしまう可能性がある。
> - **機械作業時間基準**：製造設備の稼働時間などを配賦基準とする方法。製造の機械への依存度が高く，直接作業時間基準がなじまないような場合に適している。
>
> **金額的基準**
> - **直接材料費基準**：製品別の直接材料費金額を配賦基準とする方法。間

接材料費との因果関係は見出せることもあるが，その他の間接費との因果関係は希薄な場合が多いと考えられる。
- **直接労務費基準**：製品別の直接労務費金額を配賦基準とする方法。製品の生産との一定の因果関係は見出せるが，直接作業時間基準と同様に機械依存度が高い場合や，工員の賃率がバラバラである場合などには，実態から著しく乖離する可能性がある。

以上のような配賦基準の中からいずれかを選択し，製造間接費の配賦計算を行います。

どれを選択するかによって，原価計算の精度も手間も大きく変わってきます。同じ製品をつくっていても，この製造間接費の配賦基準に何を採用するかによって，製造原価が大きく異なってきます。この場合，いくらその他の計算を精緻に行ったとしても，いい加減な配賦基準を採用してしまうと，まったく役に立たない計算結果となってしまいます。

したがって，前述したように，実態から乖離せず，いかに容易な方法を選択するかが，実務上とても大事なポイントであることに留意が必要です。単一の配賦基準がなじまない場合は，製造間接費の要素ごとに，複数の配賦基準を採用することも考えられます。

(3) 配賦計算の方法

製造間接費の配賦計算のイメージをより鮮明にするために，簡単な事例を用いて説明します。後述するように，製造間接費配賦率として実際配賦率を用いる場合と予定配賦率を用いる場合とがありますが，ここでは実際配賦率を用いるものとします。

図表2-24 配賦計算の方法

- 製造間接費の実際発生額
  間接材料費：200,000円
  間接労務費：700,000円
  間接経費：100,000円
- 製品別の直接作業時間
  製品A：50時間
  製品B：30時間
  製品C：20時間
- 製造間接費の配賦基準には直接作業時間を使用する

1. 製造間接費（間接材料費・間接労務費・間接経費）の集計
   製造間接費＝間接材料費＋間接労務費＋間接経費
   　　　　　＝200,000円＋700,000円＋100,000円＝1,000,000円

2. 配賦基準発生総数の集計
   配賦基準発生総数＝50時間＋30時間＋20時間＝100時間

3. 製造間接費配賦率の算定
   製造間接費配賦率＝製造間接費÷配賦基準発生総数
   　　　　　　　　＝1,000,000円÷100時間＝10,000円/時間

4. 製品別に製造間接費を配賦
   　　製造間接費配賦率×製品別の配賦基準発生数
   　　製品A：10,000円/時間×50時間＝500,000円
   　　製品B：10,000円/時間×30時間＝300,000円
   　　製品C：10,000円/時間×20時間＝200,000円

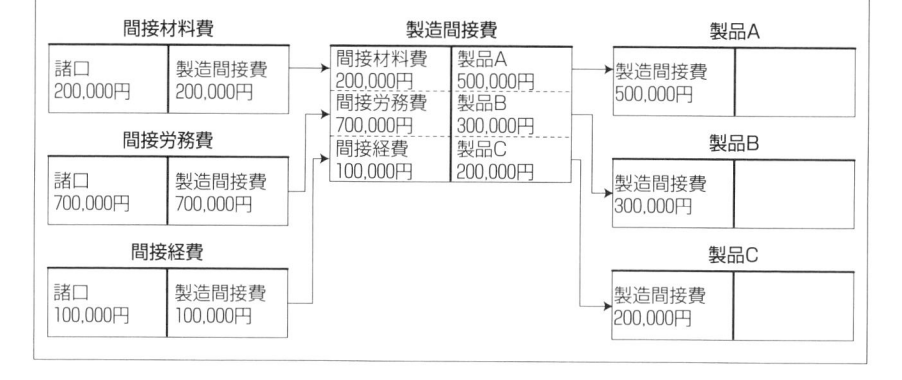

間接材料費		製造間接費		製品A	
諸口 200,000円	製造間接費 200,000円	間接材料費 200,000円	製品A 500,000円	製造間接費 500,000円	
間接労務費		間接労務費 700,000円	製品B 300,000円	製品B	
諸口 700,000円	製造間接費 700,000円	間接経費 100,000円	製品C 200,000円	製造間接費 300,000円	
間接経費				製品C	
諸口 100,000円	製造間接費 100,000円			製造間接費 200,000円	

製品の製造に要した原価であることは確かなのに，どの製品にどれだけかかったかはわからない——これが製造間接費です。この例では，間接材料費・間接労務費・間接経費，合計で1,000,000円が生じています。このままでは，各製品に振り分けることができません。そこで，配賦基準を用いて割り振ることとなります。

まず，製造間接費の発生と因果関係があり，容易に入手が可能な基準を選び出します。ここでは操業度として直接作業時間などを配賦基準とし，すべての製品の製造に要した直接作業時間を集計します（100時間）。1時間当たりの製造間接費（配賦率）を算出したうえで（10,000円），製品A・製品B・製品Cに割り振ります。このようにして製品と直接紐付けのできなかった製造間接費を無事，製品に配賦することができました。

(4) 予定配賦

以上のような製造間接費の配賦は，製造間接費の実際発生額に基づいて行いました。このような配賦方法を「実際配賦」といいますが，この方法には次のような欠点があります。

① 配賦計算が遅れる

実際配賦率は実際製造間接費と実際操業度が決まらないと確定できません。したがって，月末を過ぎないと製造間接費の配賦額が計算できず，原価計算事務に支障をきたします。

② 原価の変動性が高い

製造間接費の配賦額は，配賦率に配賦基準値を乗じて計算されます。この配賦率として実際配賦率を使用した場合，製造間接費の実際発生額のブレに加えて，実際配賦率のブレも同時に生じることとなり，製造間接費の配賦額は期間ごとに大きく変動します。これは，原価計算の目的である，価格決定や原価管理の観点から望ましくありません。製品原価の毎月の計算結果が大きく異なる

のでは，いったいいくらで売れば利益が出るのかが見えづらくなりますし，責任外のブレが原価に混入して原価管理が行いづらくなります。

　これらの問題点は，予定配賦を用いて，事前にあるべき配賦率を算定し，原価計算期間を通じて，これを一定の配賦率として適用することである程度解消することができます。予定配賦率は予算設定段階で事前に計算されるので，製品原価の計算遅れは回避できますし，期間を通じて予定配賦率は一定なので，操業度の大小によるブレ幅を抑えることができます。

(5) 予定配賦率の計算

　まず，原価計算期間の初めに，予定配賦率を算定しておく必要があります。予定配賦率は，次の計算式によって算定します。

> 予定配賦率＝製造間接費の予定発生額（製造間接費予算額）÷基準操業度

　製造間接費の予定発生額は，予定配賦率を算定するためだけに決めるのではなく，製造間接費の管理のためにも利用できるように設定することが望まれます。そのため，通常，予定発生額は製造間接費の予算策定を通じて行われます。
　また，基準操業度として考えられるものには，次のようなものがあります。

> **実現可能操業度**
> 　現在の操業条件のもとで，実現可能な最大操業度をいう。つくった製品の販売可能性とは無関係に，もっぱら生産技術的な条件のみによって左右されるもので，キャパシティーと呼ばれることもある。
>
> **期待実際操業度（短期の正常操業度）**
> 　通常予想される，1年間の販売見込数量などに基づいて算定する操業度をいう。

> **平均操業度（長期の正常操業度）**
> 数年間の将来にわたって予想される，長期的な販売見込数量などに基づいて算定する操業度をいう。

どの操業度を用いるかは，原価情報の利用目的により異なりますが，製造間接費の管理や財務諸表作成目的のためには，直近の身の丈を表す，期待実際操業度（短期の正常操業度）が最も適しているといえるでしょう。

なお，基準操業度の設定水準が高ければ高いほど（計算式の分母が上昇すればするほど），計算される予定配賦率は小さくなります（**図表2-25**参照）。予定配賦率が小さいと，期中に計算される製品の製造原価は低くなり，計算上の利益が生じやすくなります。しかし，実際操業度が基準操業度を大きく下回るようなこととなった場合，製造間接費の未配賦額（不利差異）が大きく生じることとなります。この結果，期中に計算されていた利益がすべて吹き飛んでしまうというような可能性もあります。このため，原価管理や財務諸表作成の観点からは，会社の現状に照らし，適切な操業度水準を設定することが必要です。

図表2-25 基準操業度と利益との関係

予定配賦率↘ = 製造間接費予算額 / 基準操業度↗

⇩

製品原価↘ = 予定配賦率↘ × 実際操業度

⇩

期中利益↗ = 収益 − 費用（製造原価）↘

⇩

期末利益↘ = 収益 − 費用（製造原価）↘ ＋ 不利差異↗

(6) 予定配賦額の計算

各製品に対する予定配賦額の計算は，予定配賦率に製品別の配賦基準値実際発生数を乗じることで行われます。また，予定配賦額の期間総額は，予定配賦率に実際操業度を乗じることで行われます。

製品ごとの配賦基準実際発生数を，全製品・全期間にわたり集計した値が実際操業度です。したがって，製品別の予定配賦額のすべてを合計した金額は，予定配賦額の総額と一致します。

> ①製品別の予定配賦額＝予定配賦率×製品別の配賦基準実際発生数
> ②予定配賦額の期間総額＝予定配賦率×実際操業度（配賦基準実際発生数の総計）＝①の全製品・全期間を通じた総計

(7) 配賦差異の把握

ところで，製造間接費の予定配賦額の計算が行われる一方で，製造間接費の実際発生額も計算する必要があります。予定配賦の計算は，「予定配賦率×実際操業度」で計算しますから（(6)参照），実際発生額との間に乖離が生じるのが通常です。この乖離額のことを「配賦差異」といい，次のように計算します。

> 配賦差異 ＝ 予定配賦額 － 実際発生額

(8) 配賦差異の分解

(7)で求めた配賦差異は，どのような意味合いをもつのでしょうか。

配賦差異を「予算差異」と「操業度差異」に分解して各々の性質を考えてみます。なお，「予算差異」と「操業度差異」は次のように計算します。

> 予算差異 ＝ 予算許容額 － 実際発生額
> 操業度差異 ＝ 予定配賦額 － 予算許容額

予算許容額とは，予算から決定される，実際操業度における製造間接費の目標額です。この予算許容額をどのように考えるかによって，「固定予算」と「変動予算」に分けることができます。固定予算は操業度の大小に応じて予算を変化させず一定にしますが，変動予算は操業度に応じて予算を変化させます。以下，この違いについて確認していきます。

① 固定予算

固定予算では，実際操業度が基準操業度と異なったとしても，予算許容額（予算に基づく目標額）を変化させません。図表2-26の横軸が操業度ですが，予算線は一定の水準でまっすぐ伸びています。操業度がどの水準であっても，発生すべき製造間接費は一定とするのが，固定予算の考え方です。

実際，例えば，製造間接費の代表的な費目の中でも，減価償却費・賃借料・水道光熱費の基本料金などは，操業度が変化しても金額は一定です。これらの費目が製造間接費の大部分を占めるのであれば，固定予算は実態を表すことが

図表2-26 固定予算

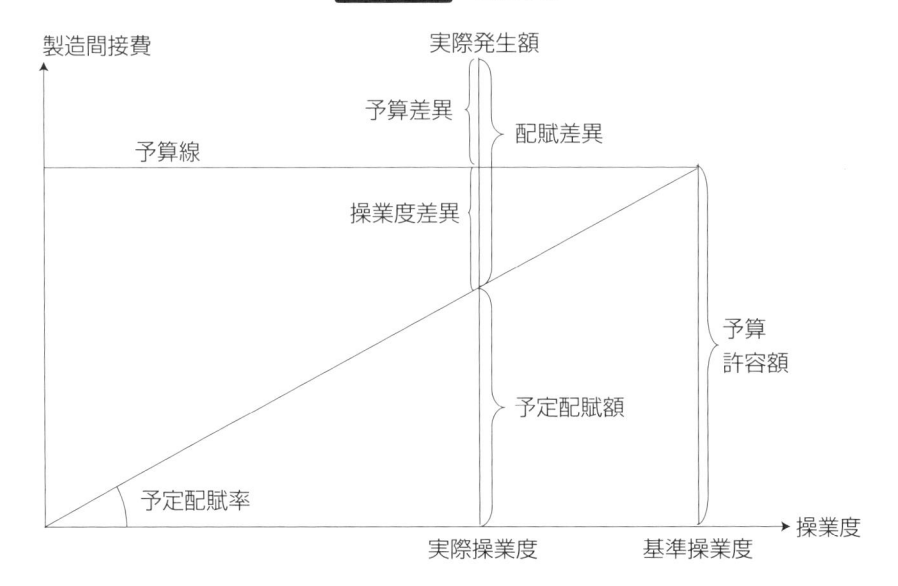

できます。

なお，固定予算のもとでは，予算差異や操業度差異は以下の意味をもちます。

> **予算差異**
> 予算総額（当初設定額）と実際発生額との単なる差額でしかなく，管理上あまり意味をもたない。
>
> **操業度差異**
> 実際操業度が基準操業度と異なることによる，製造間接費の未配賦額。ただし，比較される予算が常に固定であるため（変動費を認めないため），純粋な遊休コストを意味しない。

② 変動予算

変動予算では，操業度に応じて予算許容額（予算に基づく目標額）を変化させます。**図表2-27**の横軸が操業度ですが，予算線は右肩上がりに伸びています。実際操業度においても，それに応じた予算許容額をもたせるのが変動予算の考え方です。

実際，例えば，製造間接費の代表的な費目の中でも，間接材料費・間接労務費・水道光熱費の重量料金などは，操業度に応じて金額が変化します。これらの費目の重要性がある程度高いのであれば，固定予算では実態を表すことができないため，変動予算を用いたほうがよいといえます。

このような変動予算のもとでは，予算差異や操業度差異は以下のような意味をもちます。

> **予算差異**
> 実際操業度に応じた予算許容額と実際発生額との差額であり，差異の発生原因を分析することで，原価管理に役立てることができる。

操業度差異

実際操業度が基準操業度と異なることによる，製造間接費の未配賦額。設備の不稼働によって生じる固定費の未配賦額であり，遊休コストを意味する。

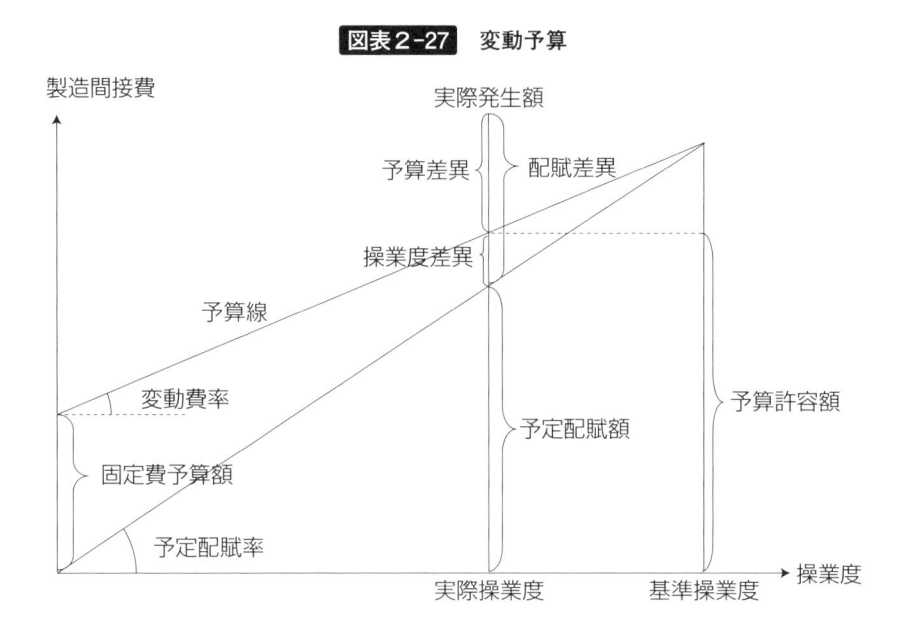

図表2-27　変動予算

以上のとおり，原価管理の観点からは，実際の発生態様にマッチする変動予算のほうが望ましいといえます。しかし，簡便さという観点では固定予算に軍配が上がります。したがって，例えば，固定予算額があまり重要でない会社や，実際操業度が基準操業度前後で安定している会社などは，費用対効果で固定予算を使用するのも合理的です。

第3節 部門別原価計算

1 部門別原価計算の意義

　原価計算を行うにあたっては，材料費・労務費・経費といった原価要素を，製造直接費と製造間接費に分類する必要があります。

　製造直接費は，直接材料費・直接労務費・直接経費によって構成されます。これらは製品ごとの発生額を把握することができるため，直接的に各製品に賦課されます。

　一方で，製造間接費は，間接材料費・間接労務費・間接経費によって構成されます。これらは製品ごとの発生額を把握することができないため，配賦という計算手続によって製品原価へ振り分けます。

　この製造間接費の配賦手続の議論を，実態に合わせ精緻化していこうとするのが，部門別原価計算の趣旨です。

　これまでの説明の中では部門の種類や数を考慮に入れず，工場全体で単一の配賦基準を設定し，当該配賦基準によって，製造間接費を製品に配賦することを前提としていました。しかし，この方法には次のような問題点があります。

① 製造間接費の配賦計算が不正確になる

　例えば，ある工場が，成形部門と組立部門の2つの部門から構成されていて，成形部門はオートメーション化が進んでいて作業の多くは機械が担い，組立部門では主に組立工の手作業が中心であったとします。製造間接費の中身も，成形部門では機械の減価償却費が中心となります。組立部門では人件費が中心となります。

　ここで仮に，機械の稼働時間を単一の配賦基準として配賦計算を行っていたら，どうなるでしょうか。機械から生じる費用との連動性はあるでしょうから

成形部門では問題ありませんが、組立部門の人件費の配賦基準としては不適切かもしれません。組立工の人件費であれば、組立工の直接作業時間のほうが適しているといえます。

② **原価管理がおろそかになる**

原価管理を有効に行うためには、原価発生への責任を明確にしておく必要があります。工場全体で原価を考えてしまうと、誰が管理し責任を負うのかが不明確となってしまいます。部門別原価計算によれば、各部門の管理者が原価管理をどれだけ有効に行っているかを明らかにすることができます。

これらの問題を克服するために、少々回り道をして、より正確かつ有用な原価計算を行おうとするのが、「部門別原価計算」の趣旨です。

図表2-28 部門別原価計算の趣旨

製造間接費の集計 ➡ 製造間接費の製品別配賦

⇩

製造間接費の集計 ➡ 製造間接費の部門別計算 ➡ 製造間接費の製品別配賦

2 原価部門の設定

「原価部門」とは、原価を計算するために分類される組織区分をいいます。原価部門は、原価管理の責任区分を明確にするために、また、製品原価の正確な計算を行うために設定されるものです。

したがって、原価部門を設定するにあたっては、各々の目的に照らして、**図表2-29**のような要素を考慮して決定する必要があります。

図表2-29 原価部門の設定

目 的	考慮すべき要素
原価管理	原価発生の責任の所在
製品原価の正確な計算	製造される製品の種類(製品A,製品B…)
	製品が製造されるプロセス(切削部門,組立部門…)

　原価部門は，原価計算上設定されるべきものであって，必ずしも，社内組織における実際の部門と一致させる必要はありません。一般的には，上記の考慮要素に従い，**図表2-30**のように集約します。すなわち，製造部門と補助部門に大別したうえで，さらに補助部門を補助経営部門と工場管理部門に分類します。例えば，工場内に総務部，経理部などの部門が複数あったとして，原価計算上はこれを1つの部門に集約してしまっても大きな支障はないと考えられます。

図表2-30 部門の集約

部　門		役　割	例　示
製造部門		製品の製造に直接従事する	加工部門，組立部門，塗装部門など
補助部門	補助経営部門	製品の製造を直接行わず，その部門の製品・サービスを製造部門に提供	動力部門，修繕部門，運搬部門，検査部門など
	工場管理部門	工場全体の事務の管理などを行う	総務部門，経理部門，人事部門など

3 部門別原価計算のプロセス

　部門別原価計算は，次のようなプロセスで行われます(**図表2-31**参照)。見失わないでいただきたいのが，最終的には，製造間接費を製品に配賦するのが目的である点です。

① 製造間接費を部門別に分類集計し、製造部門と補助部門に振り分ける（第1次集計という）。
② 補助部門に集計された製造間接費を、製造部門に配賦する（第2次集計という）。
③ 製造部門に集計された製造間接費を製品別に配賦する。

図表2-31 部門別原価計算のプロセス

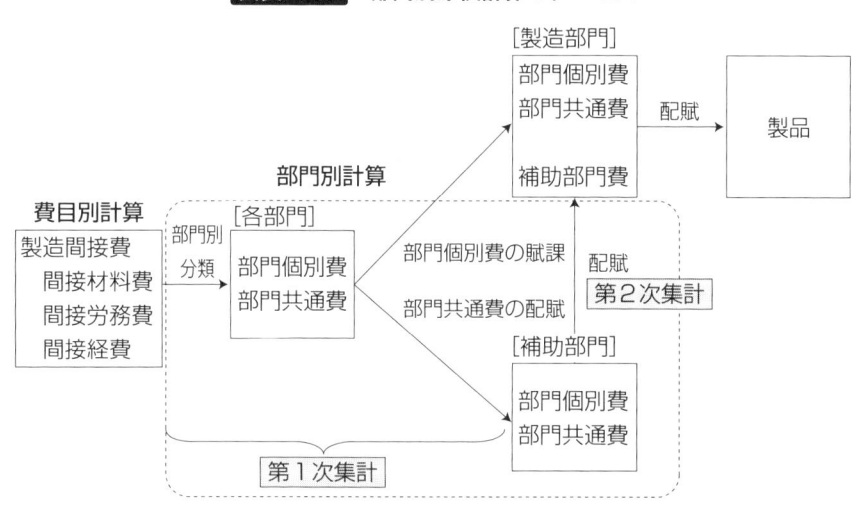

```
[費目別計算]                 部門別計算
製造間接費    部門別    [各部門]         部門個別費の賦課      [製造部門]
 間接材料費   分類  → 部門個別費                            部門個別費
 間接労務費          部門共通費        部門共通費の配賦       部門共通費   配賦
 間接経費                                                  補助部門費  → 製品
                                          配賦
                      [補助部門]        第2次集計
                      部門個別費
                      部門共通費
              第1次集計
```

(1) 部門費の集計（第1次集計）

以上で概観したように、まずは製造間接費を部門別に集計します。部門別に集計した製造間接費をひとまとめにしたものを「部門費」といい、この部門費を集計することが、第1次集計の目的です。

製造間接費は、ある部門において発生したことが直接的に把握できるかどうかによって、次のように分類できます。

> **部門個別費**
>
> 　特定の部門に直接的に紐付けできるものを部門個別費という。
>
> 　例えば，特定の部門で使用される工場消耗品費（間接材料費），特定部門に所属する間接工の賃金（間接労務費），特定部門で使用される製造機械の減価償却費（間接経費）などは，部門個別費に該当する。
>
> **部門共通費**
>
> 　特定の部門に直接的に紐付けできないものを部門共通費という。
>
> 　例えば，複数の部門で共通して使用する消耗工具（間接材料費），特定部門に所属しない工場長の給与（間接労務費），特定部門に帰属しない工場建物の減価償却費（間接経費）などは，部門共通費に該当する。

　部門個別費は，原価部門における発生額を，当該部門に対して直接的に「賦課」します。

　部門共通費は，原価要素別に適切な配賦基準を定め，当該配賦基準に基づいて，関係する各部門に「配賦」します。このとき，①部門共通費はどこの部門に関連するものか，②配賦基準に何を用いるのか，を決定する必要があります。例えば，複数の製造部門において共通して使用する製造機械の減価償却費は，補助部門とはまったく関連性がないかもしれません。このときは，関連する部門のみに配賦することになります。また，部門共通費の各部門への配賦基準に絶対的なものはありませんが，例えば工場長の給与であれば各部門の人員数，工場建物の減価償却費であれば各部門の占有面積といったように，実態と連動すると考えられる基準を選択する必要があります。

　なお，部門費を集計する場合は，費目別に，まず部門個別費を決定し，残りを部門共通費とします。つまり，部門と結び付けられるものはなるべく部門に直接賦課し，関連性のないもののみを部門共通費として各関連部門に配賦するのが原則です。例えば，水道光熱費などの測定経費である間接経費は，各部門にメーター設置を行って部門個別費とするのが望ましいといえます。しかし，

図表2-32 部門費の流れ

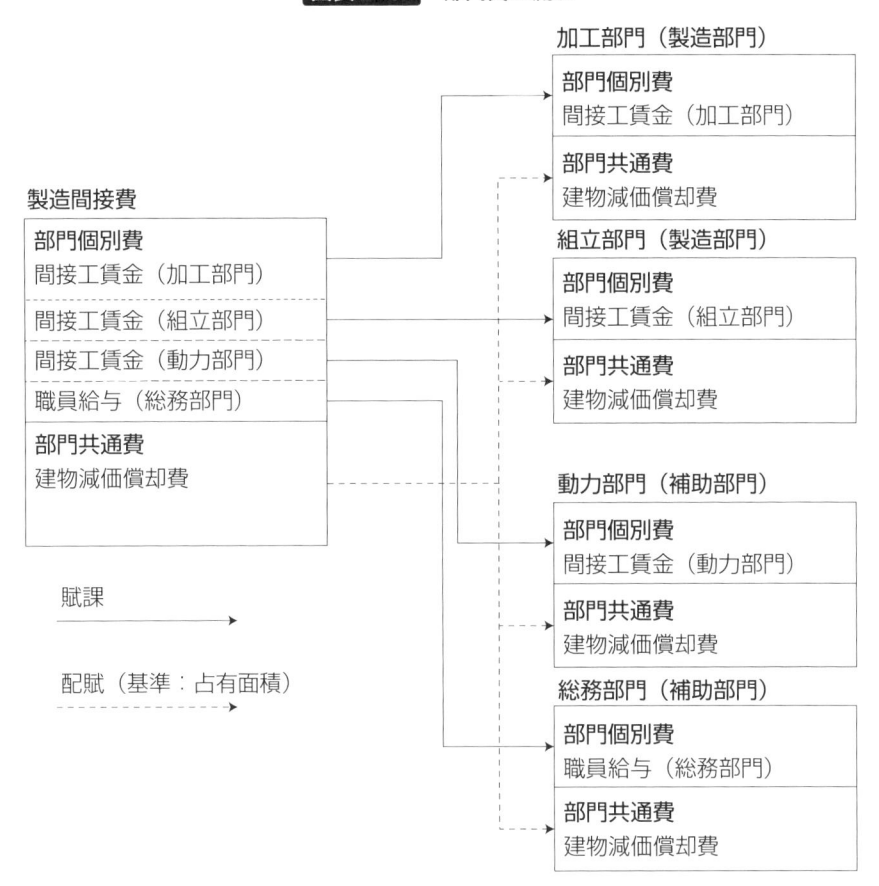

```
製造間接費
┌─────────────────────┐
│ 部門個別費          │
│ 間接工賃金（加工部門）│
│ 間接工賃金（組立部門）│
│ 間接工賃金（動力部門）│
│ 職員給与（総務部門） │
│ 部門共通費          │
│ 建物減価償却費      │
└─────────────────────┘

賦課 ───────→

配賦（基準：占有面積）─ ─ ─→
```

加工部門（製造部門）
- 部門個別費 : 間接工賃金（加工部門）
- 部門共通費 : 建物減価償却費

組立部門（製造部門）
- 部門個別費 : 間接工賃金（組立部門）
- 部門共通費 : 建物減価償却費

動力部門（補助部門）
- 部門個別費 : 間接工賃金（動力部門）
- 部門共通費 : 建物減価償却費

総務部門（補助部門）
- 部門個別費 : 職員給与（総務部門）
- 部門共通費 : 建物減価償却費

実務上の手間や経済的負担に鑑み，部門共通費として関連部門に配賦することも実務上はやむをえないと思われます。

(2) 補助部門費を製造部門費へ配賦（第2次集計）

第1次集計で製造間接費を部門別集計することができました。製造部門に集計された原価は，そのまま製品別の製造原価に配賦することができますが，補助部門は製品の製造を直接行いませんので，集計された原価はそのままでは製

品に配賦することができません。しかし，そもそも製品別に原価を集計することが原価計算の最終目的ですから，そのまま放置しておくわけにもいきません。

そこで，何らかの配賦基準を用いて，補助部門費を製造部門へ配賦する手続を行います。補助部門費を製品別に配賦するために，いったん製造部門へ配賦することが，第2次集計の目的です。

また，製造部門は補助部門のサービスを受けながら製品を製造します。製造部門の原価管理目的からも，補助部門のサービスの享受に応じて原価を負担させることが望ましいといえます。

① 補助部門費間の配賦計算

さて，補助部門費を何らかの配賦基準を用いて製造部門へ配賦するにあたって，少々面倒なことを考えなければなりません。それは，補助部門間のサービスの授受をどのように考えるか，という問題です。

例えば，同じ補助部門の動力部門と総務部門で考えてみます。動力部門が，電気設備や空調設備の修理やメンテナンスを担当しているとすれば，総務部門もそのサービスを享受します。また，総務部門が給与計算や支払を担当しているとすれば，動力部門もそのサービスを享受します。

このような補助部門間のサービス授受の考え方については，次の3つの方法があります。

a. 直接配賦法

直接配賦法は，各補助部門間の相互サービス授受を，配賦計算においてまったく考えないで，補助部門は製造部門のみにサービス提供している前提のもと，製造部門だけに補助部門費を配賦する方法です。

この方法は，計算事務負担は軽いものの，現に補助部門間のサービス授受があるにもかかわらず，まったく考慮に入れない点，正確性に欠けます。

b. 階梯式配賦法

階梯式配賦法は，補助部門に順位付けを行い，高順位から順番に補助部門費の配賦計算を行っていく方法です。低順位から高順位への配賦計算は行いませ

ん。なお，補助部門の順位付けは，当該部門のサービス提供先数，提供サービスの大きさ（金額）などに基づいて行います。

　この方法は，あまり計算事務に負担をかけず，一定程度の正確性を期待できる方法ですが，どのように順位付けを行うかを考える必要が生じます。不適切な順位付けがなされてしまった場合には，計算結果が結局，不正確になってしまう可能性があります。

c．相互配賦法

　相互配賦法は，補助部門間のサービスの授受を無視することなく，補助部門費を相互に配賦する方法です。

　この方法は，計算事務負担が重くなるものの，補助部門費発生の実態に則した最も正確な配賦方法といえます。しかし，少し考えてみるとわかるのですが，補助部門費を相互に配賦すると，1回配賦しただけでは，原価が補助部門費に残ってしまいます。何度も何度も配賦を繰り返せば，やがて補助部門費はゼロに近づいていくわけですが，実務上このような計算は困難でしょう。そこで，次のような方法によって，補助部門費を製造部門に配賦します。

- 直接配賦法に準じて配賦する方法：1回目の配賦は相互配賦を行うが，2回目の配賦においては，直接配賦法に準じて製造部門のみに配賦する方法
- 連立方程式法：補助部門間のサービスの授受を連立方程式化して解を求めたうえで，補助部門費を製造部門に配賦する方法

　実務上は，最も理論的な相互配賦法ではなく，最も不正確な直接配賦法が用いられる場合がほとんどです。これはひとえに，実務上の簡便性を優先させた結果といえます。補助部門費は最終的に製造部門に配賦されますので，実は想定するほど計算結果に差が生じないケースが多いのです。つまり，費用対効果の観点から，直接配賦法が採用されているのです。

　ただし，会社によって，補助部門の重要性が高く，かつ補助部門間のサービス授受の重要度が高いような場合は，相互配賦法や，直接配賦法との折衷的な方法である階梯式配賦法を用いるべきかを検討する必要があります。

② 補助部門費の配賦基準

　補助部門費を製造部門（または補助部門）に配賦する場合に，どの配賦基準を用いるかを決めなければなりません。補助部門の提供サービスの提供度合いに応じて配賦するのが原則なので，それを表す何らかの指標を選び出さなければなりません。

　例えば，動力部門という補助部門を考えてみましょう。動力部門は，発電設備を有し，製造部門に電気を提供しています。このとき，提供サービスは電気供給ということになりますから，メーターなどで計測した電気使用量（**サービスの消費量**）を配賦基準とすることがすぐに思いつくでしょう。

　一方，動力部門で発生する原価は，必ずしもすべてが電気の供給量に応じて比例的に増加するわけではありません。例えば，発電設備の減価償却費や職員の基本給などは，たとえ電気供給が行われなくても発生する固定費です。設備の規模や雇用人員数は，主として各部門が完全操業した状態を想定して決定されているのが通常です。したがって，このような固定費については，実際のサービス消費量ではなく，**サービスの消費能力**に応じて配賦するのが理論的です。

　したがって，補助部門費の配賦基準として次の2つの方法が考えられます。

単一基準配賦法
　補助部門費のすべてを消費量基準で配賦する方法。

複数基準配賦法
　補助部門費のうち，変動費は消費量基準で配賦し，固定費は消費能力基準で配賦する方法。

　この配賦基準のうち，理論的に優れているのは，当然ながら複数基準配賦法ですが，やはり手間がかかります。そのため，実務上は圧倒的に単一基準配賦法を採用する場合が多いと考えられます。ただし，各部門の消費量が，年間を通じて波がある（月々の使用量がばらばらである）場合は，複数基準配賦法の

図表2-33 補助部門費の配賦基準

【単一基準配賦法】

動力部門（補助部門）

| 部門個別費 部門共通費 | 動力部門費 （補助部門費） |

→ すべての動力部門費をメーター消費量に基づき配賦

加工部門（製造部門）

部門個別費	
部門共通費	加工部門費
動力部門費（補助部門費）	

組立部門（製造部門）

部門個別費	
部門共通費	組立部門費
動力部門費（補助部門費）	

【複数基準配賦法】

動力部門（補助部門）

| 部門個別費 部門共通費 | 変動費 |
| | 固定費 |

→ 動力部門費のうち変動費をメーター消費量に基づき配賦

┄┄▶ 動力部門費のうち固定費を最大使用量に基づき配賦

加工部門（製造部門）

部門個別費	
部門共通費	加工部門費
動力部門費（補助部門費）	

組立部門（製造部門）

部門個別費	
部門共通費	組立部門費
動力部門費（補助部門費）	

選択を検討する必要があります。

部門別原価計算の流れについて，数値例を用いて説明します。

設例2-5　部門別原価計算の流れ

■前提条件
① ある工場では原価部門を次のように設定している。
・製造部門：加工部門・組立部門
・補助部門：動力部門
② 当月の原価の発生実績は次のとおりである。
・加工部門の間接工賃金：3,000,000円
・組立部門の間接工賃金：2,000,000円
・動力部門の間接工賃金：1,000,000円
・工場建物の減価償却費：1,000,000円
③ 配賦計算に用いる基礎データは次のとおりである。

	製造部門	製造部門	補助部門	合計
	加工部門	組立部門	動力部門	
占有面積（㎡）	500	300	200	1,000
電力消費量（kwh）	200	100	—	300

・配賦基準は次のとおりとする。
　　——工場建物の減価償却費：占有面積
　　——動力部門費：電力消費量
④ 製造部門費は直接作業時間に基づいて製品に配賦するものとし，当月実績は次のとおりである。
・加工部門：4,000時間
・組立部門：3,000時間
⑤ 製品Aの製造に，加工部門で1時間，組立部門で1時間の直接作業を要した。

はじめに，部門費を集計します（第1次集計）。各部門の間接工賃金は，部門別に紐付けができるため部門個別費に該当し，各部門に直接的に賦課します。また，工場建物の減価償却費は，特定の部門に紐付けができないので部門共通費に該当し，各部門の占有面積に基づいて配賦します（配賦率＝1,000,000円÷

1,000㎡＝1,000円/㎡)。第1次集計の結果は，**図表2-34**のとおりとなります。

図表2-34 第1次集計

(単位：円)

		製造部門		補助部門	合計
		加工部門	組立部門	動力部門	
部門個別費	加工部門賃金	3,000,000	―	―	3,000,000
	組立部門賃金	―	2,000,000	―	2,000,000
	動力部門賃金	―	―	1,000,000	1,000,000
	合　計	3,000,000	2,000,000	1,000,000	6,000,000
部門共通費	減価償却費	500,000	300,000	200,000	1,000,000
	合　計	500,000	300,000	200,000	1,000,000
部門費合計		3,500,000	2,300,000	1,200,000	7,000,000

　次に，補助部門である動力部門は，製品の製造を直接行う部門ではないので，そのまま製品に配賦することができません。そこで動力部門費1,200,000円を，製造部門である加工部門および組立部門に，電力消費量を基準に配賦します(配賦率＝1,200,000円÷300kwh＝4,000円/kwh)。第2次集計の結果は**図表2-35**のとおりです。

図表2-35 第2次集計

	製造部門		補助部門	合計
	加工部門	組立部門	動力部門	
部門費（配賦前）	3,500,000	2,300,000	1,200,000	7,000,000
補助部門費配賦	800,000	400,000	－1,200,000	―
部門費（配賦後）	4,300,000	2,700,000	―	7,000,000
直接作業時間	4,000時間	3,000時間		

　そして最後に，製造部門費を製品に配賦します。

加工部門の製造間接費配賦率は,

　4,300,000円 ÷ 4,000時間 ＝ 1,075円/時間

組立部門の間接費配賦率は,

　2,700,000円 ÷ 3,000時間 ＝ 900円/時間

です。この結果,製品Aへの間接費配賦額は,

　(1,075円/時間 × 1時間) ＋ (900円/時間 × 1時間) ＝ 1,975円

と計算されます。

設例2-5に,次の条件を追加し,単一基準配賦法と複数基準配賦法の違いについても,確認します。

■前提条件(追加)
・当月と翌月の補助部門費の内訳は次のとおりだった。
[当月] 変動費300,000円 ＋ 固定費900,000円 ＝ 1,200,000円
[翌月] 変動費200,000円 ＋ 固定費900,000円 ＝ 1,100,000円
・製造部門の電力消費量および電力消費能力は次のとおりである。

		加工部門	組立部門	合計
電力消費量(kwh)	当月	200	100	300
	翌月	100	100	200
電力消費能力(kwh)		200	100	300

■単一基準配賦法
まず単一基準配賦法によって,製造部門へ配賦を行うと次のとおりとなります。

[当月]
　加工部門：1,200,000円 ÷ 300kwh × 200kwh ＝ 800,000円

組立部門：1,200,000円 ÷ 300kwh × 100kwh ＝ 400,000円

［翌月］

   加工部門：1,100,000円 ÷ 200kwh × 100kwh ＝ 550,000円

   組立部門：1,100,000円 ÷ 200kwh × 100kwh ＝ 550,000円

　まず，加工部門への配賦額は800,000円（当月）から550,000円（翌月）に下がっています。これは，電力消費量も200kwh（当月）から100kwh（翌月）に下がっているため不自然なことではありません。一方，組立部門については，電力消費量が当月も翌月も100kwhで同じにもかかわらず，動力部門費配賦額は400,000円（当月）から550,000円（翌月）に上がっています。これは，工場全体の電力消費量の合計が300kwh（当月）から200kwh（翌月）に下がったことにより，動力部門費の配賦率が上昇したからです。しかし，これでは計算結果が経済実態から乖離してしまいますし，組立部門の管理者としても納得できる結果ではありません。

■複数基準配賦法

　複数基準配賦法によって製造部門へ配賦を行うと，次のとおりとなります。

［当月］

   加工部門：（300,000円 ÷ 300kwh × 200kwh）＋（900,000円 ÷ 300kwh × 200kwh）＝ 800,000円

   組立部門：（300,000円 ÷ 300kwh × 100kwh）＋（900,000円 ÷ 300kwh × 100kwh）＝ 400,000円

［翌月］

   加工部門：（200,000円 ÷ 200kwh × 100kwh）＋（900,000円 ÷ 300kwh × 200kwh）＝ 700,000円

   組立部門：（200,000円 ÷ 200kwh × 100kwh）＋（900,000円 ÷ 300kwh × 100kwh）＝ 400,000円

　固定費は電力消費能力に基づき配賦するため，工場全体の電力消費量が下

がっても各部門への配賦額が変わりません。組立部門への配賦額は，当月と翌月で電力消費量が変わらないため，400,000円で変動しておらず，単一基準配賦法の問題点が克服されていることがわかります。

第3章

原価の製品別計算
―実際原価計算

第1節 ▍ 原価の製品別計算のイメージ

　前章において原価計算の要素別の金額集計，部門別の金額集計を解説しました。本章では，それらの集計された金額をどのように製品の実際原価へ再集計していくか，その過程について解説していきます。

　原価の製品別計算は，製造する製品の性質に応じ，一般的に以下に分類されます。

- 個別原価計算
- 単純総合原価計算
- 等級別総合原価計算
- 組別総合原価計算
- 工程別総合原価計算
- 加工費工程別総合原価計算

　一見，さまざまな計算手法があり，複雑なように見えますが，実のところ根本は，

「投入されたインプットをいかにアウトプットに振り分けるか」

ということにほかなりません。まずは，この本質を理解することが，本章の理解や，それを超えた現場における製品の原価計算の理解や応用につながるものと考えます。そこで，それぞれの計算手法について解説していく前に，単純な事例を使い，筆者の考える原価計算の本質について説明していきます。

　まずは，最も単純な形の工場をイメージしてください。

① 製造部門と間接部門が1つずつ。
② 材料は1年使いきり。
③ 間接経費も発生している。
④ 1年に1個の製品を作る。

　この場合，原価計算はどのようになるでしょうか。この1年間にかかったすべての材料費，直接労務費，間接労務費，間接経費がインプットのすべてです。なお，材料費，労務費および経費という分類の方法や，それら3つの原価計算要素を直接費，間接費に分類する方法については前章で解説しているため，具体的な内容について確認する際や本章で少々不明な点が生じた際には，ぜひ第2章に戻って参照してください。

　この例で，原価計算を知らなくても直感で，製品の原価はそれらインプットの合計額ということが想像できると思います。実際にこのケースでは，合算された全額が，アウトプットである唯一の製品の製造原価を構成することになります（図表3-1参照）。ポイントとしては，インプット総額と，この例におけるアウトプット総額である製品の金額が一致しているということです。

図表3-1　極めて単純な例の製品原価

	製造原価	
材料費発生額をインプット →	材料費	
直接労務費発生額をインプット →	直接費（直接労務費）	製品 ⇒ アウトプットとして1個の製品
間接労務費発生額をインプット →	間接費（間接労務費）	
間接経費発生額をインプット →	間接経費	

　では次に，④の条件について「1年に量産品を4個製造している」とすると，どうなるでしょうか。まったく同じ製品であれば上記と同様に，直感的にすべて同額の原価が付されることがイメージできると思います。この場合，インプットの条件が何ら変わらないため，年間の材料費，直接労務費，各間接費の合計は変わりませんが，アウトプットは4で割ったものが製品1個当たりの製

造原価になります（**図表3-2**参照）。ここでも、やはりインプットとアウトプットはバランスします。

図表3-2 4個の製品をつくったら…

製造原価

材料費発生額をインプット →	材料費	製品
直接労務費発生額をインプット →	直接費（直接労務費）	製品
間接労務費発生額をインプット →	間接費（間接労務費）	製品
間接経費発生額をインプット →	間接経費	製品

⇒ アウトプットとして4個の製品

　さらには、期首と期末に仕掛品が存在する場合はどうでしょうか。この場合には、前期末に集計された仕掛品の原価がインプットに加わります。イメージを作るためなので、ここでは期首仕掛品の金額は前期に計算された所与のものと想定します。これに年間の材料費、直接労務費、各間接費を加えたものが一度集計された後に、何らかの計算方法をもって、アウトプットとして仕掛品と製品のそれぞれの原価が計算されます（**図表3-3**参照）。もちろん、前の2つの例と同様に、インプット総額とアウトプット総額は一致しなければなりません。

図表3-3 仕掛品が存在する場合

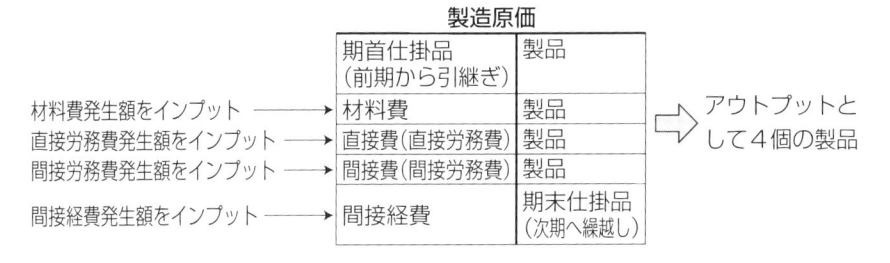

製造原価

	期首仕掛品（前期から引継ぎ）	製品
材料費発生額をインプット →	材料費	製品
直接労務費発生額をインプット →	直接費（直接労務費）	製品
間接労務費発生額をインプット →	間接費（間接労務費）	製品
間接経費発生額をインプット →	間接経費	期末仕掛品（次期へ繰越し）

⇒ アウトプットとして4個の製品

　ここまでの3つの図表の共通点は、

- ボックスの左側に、インプットをすべて投入し、その合計額を集計する

- 投入された合計額を，何らかの計算ルールによってアウトプットに再集計する

という行為です。実は，前章の内容は，インプットの要素の金額集計，つまり，一定期間において要素別や部門別の金額をいかに集計するかについての解説でした。本章で解説する原価の製品別計算とは，製品1個当たりの原価を算出するにあたり，一度集計された金額をいかに，漏れなく全額を「アウトプットとして振り分ける」のか，その計算ロジックにほかなりません。

この際，アウトプットの振り分け方は，実際の製造工程と同様に，製造方法や製品の状況によって異なってきます。同じ製品を量産しているのか，同じ製品でもサイズの違うものか，異なる製品を同時並行で製造しているのか，複数の部門をまたがり製造するのか，など，それらの特徴に沿った形でアウトプットのロジックを組み立てることとなります。先に記載した一般的な原価の製品別計算は，あくまでこの，ロジックの組み立て方を分類したものであり，実際にはそれらを組み合わせて実態に合った形で各社固有の原価計算を設計することとなります。

ただし，製品が多種多様にわたり，さまざまな仕掛品が発生したとしても，結局は引き継いだ仕掛品の金額と当期発生したすべての製造原価を何らかの合理的な計算方法によって振り分ける点に変わりはなく，これこそが原価の製品別計算にほかなりません。筆者も，実務上，新たに原価計算を設計する際や原価計算の改善を実施する際に，何か複雑な問題点や困難な処理にぶつかった際に，この原点に立ち返り解決の糸口を見つけられたことがしばしばありました。

以上，まずはイメージ作りから入りましたが，以降では，原価の製品別計算の各手法を確認していきます。

第2節 個別原価計算

「個別原価計算」とは，種類を異にする製品を個別的に製造する際に適している原価の製品別計算です。

個別原価計算が適するケースは，各製品が，工程指図書，製造指示書等によって1品ごとのロットに分けられている場合と考えられます。例えば，建設会社におけるオフィスビル，造船会社における船舶，重工業メーカーによる化学プラントといった，いわゆる「受注生産」に分類される分野に多くみられる製品別計算です。また，特に普段は受注生産をしていない製品においても，特注品等が発生した際には製造指示書等を起こし，特別にある製品だけ個別原価計算を行うケースもしばしば見受けられます。経営の目的とする製品の生産に際してのみではなく，自家用の建物，機械，工具等の製作または修繕，試作品や仕損品の補修，仕損品の代品の製造等に際し特に指図書を発行して対応する際にも，個別原価計算を採用し対応するケースもあります。

それでは，実際に数値例を使って解説していきます。

設例3-1　個別原価計算

■前提条件
① 当社は造船会社であり，工場のドックにおいて複数の船舶を製造している。
② 今期の製造状況は以下のとおりである。それぞれ，各船舶の製造指図書によって製造されている。なお，それぞれの船舶は用途，大きさとも異なっている。
　・船舶A：期首に未完成であるものが今期完成した。
　・船舶B：期首未完成であり，今期もまだ完成していない。
　・船舶C：今期から製造に着手。今期中に完成。
　・船舶D：今期から製造に着手。今期末は未完成。
③ 前期から引き継いでいる仕掛品の繰越額

船舶A	船舶B	船舶C	船舶D
10,000	4,000	—	—

④ 今期に各製造指図書に認識された直接材料費

船舶A	船舶B	船舶C	船舶D	合計
4,000	8,000	2,000	2,000	16,000

⑤ 今期に発生した間接材料費：3,200
⑥ 今期に各製造指図書に認識された製造部門の直接労務費

船舶A	船舶B	船舶C	船舶D	合計
3,000	4,500	6,000	3,000	16,500

⑦ 今期に発生した間接労務費：3,300
⑧ 今期に発生した間接経費：1,650
⑨ 各間接費の配賦基準

間接材料費	間接労務費	間接経費
直接材料費発生額	直接労務費発生額	直接労務費発生額

このように，個別原価計算を採用している場合は，1つの製造指図書に1個の製品というケースがほとんどであり，直接費はそれぞれの製造指図書に直課されます。そのため，間接費をいかに製造指図書に配賦するのかがポイントとなります。

当該配賦基準については，当然に会社の裁量で最も適すると考えられるものを採用し計算することになります。ここでは当該配賦基準は前期以前に設定されたものとして所与としていますが，実務上は当該配賦方法をいかに決めていくかがポイントとなります。これは一度設定したのちは，原則として継続して同様の配賦基準を採用していくことが求められるため，最初の設定が大変重要であるからです。なお，配賦基準の設定の重要性，継続使用は，以降の原価の製品別計算においても同様です。

当該設例の計算結果は，**図表3-4**のようになります。

図表3-4 設例3-1の原価計算

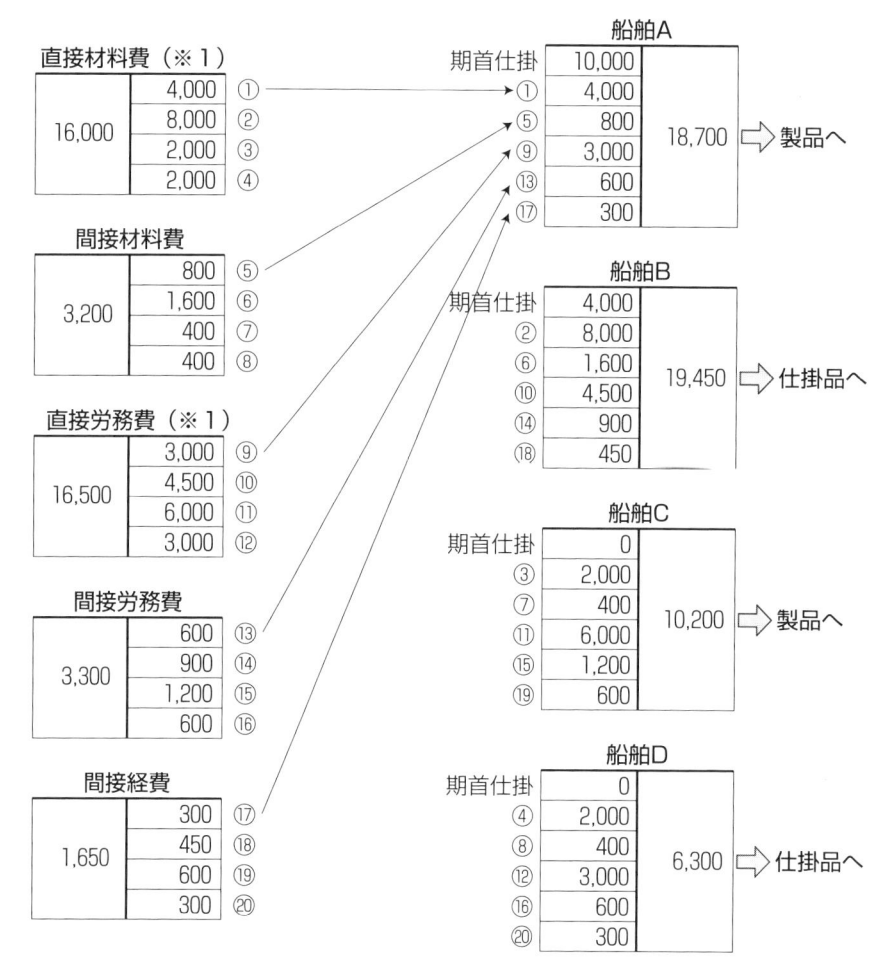

直接材料費（※1）合計 16,000
金額	番号
4,000	①
8,000	②
2,000	③
2,000	④

間接材料費 合計 3,200
金額	番号
800	⑤
1,600	⑥
400	⑦
400	⑧

直接労務費（※1）合計 16,500
金額	番号
3,000	⑨
4,500	⑩
6,000	⑪
3,000	⑫

間接労務費 合計 3,300
金額	番号
600	⑬
900	⑭
1,200	⑮
600	⑯

間接経費 合計 1,650
金額	番号
300	⑰
450	⑱
600	⑲
300	⑳

船舶A → 製品へ（合計 18,700）
期首仕掛	10,000
①	4,000
⑤	800
⑨	3,000
⑬	600
⑰	300

船舶B → 仕掛品へ（合計 19,450）
期首仕掛	4,000
②	8,000
⑥	1,600
⑩	4,500
⑭	900
⑱	450

船舶C → 製品へ（合計 10,200）
期首仕掛	0
③	2,000
⑦	400
⑪	6,000
⑮	1,200
⑲	600

船舶D → 仕掛品へ（合計 6,300）
期首仕掛	0
④	2,000
⑧	400
⑫	3,000
⑯	600
⑳	300

①～④, ⑨～⑫は各製造指図書に直課

⑤：船舶Aの直接材料費÷直接材料費合計×間接材料費合計
⑥～⑧：船舶B・C・Dについて⑤と同様に計算

⑬：船舶Aの直接労務費÷直接労務費合計×間接労務費合計
⑭～⑯：船舶B・C・Dについて⑬と同様に計算

⑰：船舶Aの直接労務費÷直接労務費合計×間接経費合計
⑱～⑳：船舶B・C・Dについて⑰と同様に計算

各要素別の金額集計と部門別（製造部門および間接部門）の金額集計が完了し，各間接費の配賦基準が確定していれば，計算そのものはさほど複雑なものではないことがわかると思います。なお，第1章で使ったインプットとアウトプットの関係にボックスを直すと，**図表3-5**のようになります。

図表3-5 設例3-1の製造原価ボックス

製造原価

仕掛品※1	14,000	製品※2	
直接材料費	16,000		28,900
間接材料費	3,200		
直接労務費	16,500	仕掛品※3	
間接労務費	3,300		25,750
間接経費	1,650		

※1：船舶Aの期首仕掛品10,000と船舶Bの期首仕掛品4,000の合計
※2：完成した船舶A（18,700）と完成した船舶C（10,200）の合計
※3：期末に仕掛中である船舶B（19,450）と船舶D（6,300）の合計

結局のところ，先に述べた「投入されたインプットをいかにアウトプットに振り分けるか」という作業を，各要素別，各製造指図書別にボックスを使って整理しただけであることがわかると思います。

最後に，個別原価計算における仕損費の処理についても確認しておきます。仕損とは，製造工程におけるミスや使用する材料の誤りにより達成すべき品質や規格を満たさない，いわゆる不合格品を指します。また，当該仕損に費やしたコストを仕損費といいます。このように，実務上何らかの理由で仕損が発生した際には，以下のように処理します。

- そもそもの製造指図書に集計し，製品の原価に負担させ処理する。

> - 新たな特別な製造指図書を起こし，ここに集計し，当初の製造指図書には負担させずに処理する。

　仕損の内容が経常的に通常発生する性質のものであれば，完成時に良品である製品に負担させるのが一般的です。考え方としては，仕損費も個別原価計算の原則どおり「どの製造指示書に紐付けるか」という点では，今まで説明した際の通常時の原価と何ら変わりありません。つまり，仕損費すらも個別に積み上げていく原価要素であり，製品完成までの必要経費であった，というイメージで処理します。

　ただし，特殊な事情や異常多額に発生した際には，良品である製品には負担させずに，売上原価以外の費用項目にて当該金額を計上することが原価計算基準上容認されているため，当該処理もよくみられます。この際は，別途，特別な取扱いをする理由が明確にされる必要があります。なお，参考までに，当該仕損品に処分価値がある場合には，その仕損費から当該処分価値を差し引いて金額を確定させることとなりますので留意してください。

　以上，個別原価計算について，設例を利用して解説しました。上記説明はわかりやすさを求め，なるべく単純化しました。個別原価計算では先に説明した原価計算の「インプット」，「アウトプット」の本質とあわせ，本節をご理解いただければ実務上は十分に対応可能と考えます。

第3節　総合原価計算

1　個別原価計算と総合原価計算の違い

　本節では，主に以下の3つの総合原価計算の手法について解説していきます。

- 単純総合原価計算
- 等級別総合原価計算
- 組別総合原価計算

　この3つの総合原価計算を解説する前に，それらと個別原価計算ともあわせて理解を深めていただくため，それらの違いについてまずは述べることとします。

　前節で確認した個別原価計算と，これから解説する総合原価計算の違いは，前者は個別的に製品を製造することを前提に行われるのに対し，後者は「連続的」に製品を製造することを前提として行われる，という点です。後者の場合，その生産量も大量となるため，それぞれの製品ごとに製造指図書が付されるわけではありません。そのため，総合原価計算では個別原価計算のようにアウトプットを個々の製造指図書に帰属させ集計することが行われず，アウトプット総額を何らかの形で製品と仕掛品とに分別することが必要となります。

　つまり，個別原価計算のようにインプット（特に間接費）の時点で製品ごとに金額を分解して集計するという形ではなく，インプットは単なる積上げとして認識し，アウトプット側を製品と仕掛品に分解することになります。なお，後述する等級別総合原価計算や組別総合原価計算では，製品も複数種類取り扱うため，さらにアウトプットの分類が複雑になっていきます。

　実は，この「一括して集計したアウトプットをいかに分類するか」が総合原価計算の根幹といってもよいかもしれません。

　簡潔に表現すると，

「個別原価計算はインプットをいかに分けるか，総合原価計算はアウトプットをいかに分けるか」

といった点について，どのように合理的な計算を設計，運用していくかを決め

ていくことにほかならないのです。

図表3-6 個別原価計算と総合原価計算の違い

- 個別原価計算：各原価要素を各指図書に分類したのちに，インプットを集計

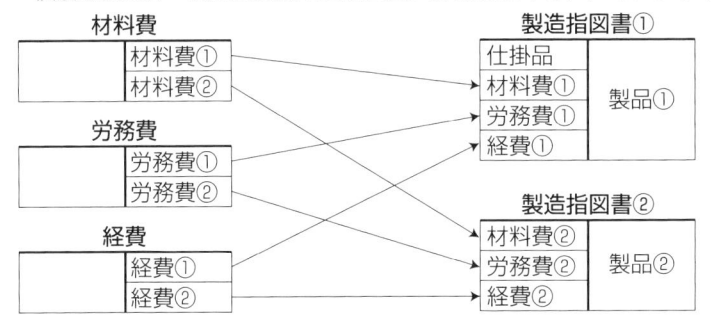

```
材料費                          製造指図書①
┌──┬──────┐              ┌──────┬────┐
│  │材料費①│              │仕掛品│    │
│  │材料費②│              │材料費①│製品①│
└──┴──────┘              │労務費①│    │
労務費                          │経費①│    │
┌──┬──────┐              └──────┴────┘
│  │労務費①│              製造指図書②
│  │労務費②│              ┌──────┬────┐
└──┴──────┘              │材料費②│    │
経費                            │労務費②│製品②│
┌──┬──────┐              │経費②│    │
│  │経費①│              └──────┴────┘
│  │経費②│
└──┴──────┘
```

- 総合原価計算：一度全インプットを集計したのちに，アウトプットの段階で分類

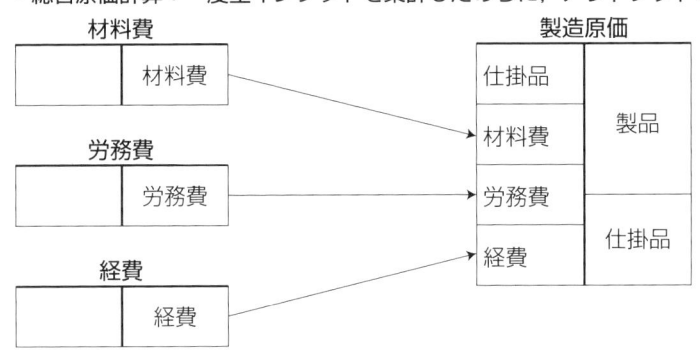

```
材料費                          製造原価
┌──┬──────┐              ┌──────┬────┐
│  │材料費│              │仕掛品│    │
└──┴──────┘              │材料費│製品│
労務費                          │労務費│    │
┌──┬──────┐              │経費│仕掛品│
│  │労務費│              └──────┴────┘
└──┴──────┘
経費
┌──┬──────┐
│  │経費│
└──┴──────┘
```

　本章の冒頭で述べた「**投入されたインプットをいかにアウトプットに振り分けるか**」という目的に対し，かたや個別原価計算ではインプット側に対するアプローチをとり，各原価要素を製造指図書ごとに分類し，それぞれ集計していくのに対し，かたや総合原価計算ではアウトプット側に対するアプローチを採用し，一度合算集計したものを各製品群や仕掛品に分類している，ということです。

　また，原価計算が最終的にインプットとアウトプットの関係であることを理解すれば，実務上どんなに複雑な原価計算をする必要が生じても，その組み合

わせで対応が可能となります。つまり、個別原価計算のインプット側へのアプローチ、総合原価計算のアウトプット側へのアプローチの組み合わせによって、いくらでも原価計算のバリエーションを設定することが可能になると思われます。

それでは、以降、各種総合原価計算について解説していきます。

2 単純総合原価計算

単純総合原価計算とは、同種製品を反復連続的に製造する生産形態に適している原価の製品別計算です。

単純総合原価計算が適するケースは、いわゆる見込生産の量産品を単一製造工程で継続的に製造している場合と考えられます。例えば、1工場で同一製品を量産している場合に最も適する製品別計算といえます。

単純総合原価計算において最も技術的なところは、アウトプットを製品と仕掛品にどのように分けるか、という点です。まずは、仕掛品が一切発生しない最も簡単な形の単純総合原価計算を示した**図表3-7**を見てください。

図表3-7 仕掛品がない場合の単純総合原価計算

製造原価

材料費	製品
直接費(直接労務費)	製品
間接費(間接労務費)	製品
間接経費	製品

材料費発生額をインプット → 材料費
直接労務費発生額をインプット → 直接費(直接労務費)
間接労務費発生額をインプット → 間接費(間接労務費)
間接経費発生額をインプット → 間接経費

⇒ アウトプットとして4個の製品

インプット総額を4で割れば、製品1個当たりの原価を算出できる

これは、第1節で解説した図表3-2と同じものです。単純総合原価計算の前提は「同種製品」ですので、4個の製品の原価がすべて等しくなるという結論となることが想像できると思います。単純総合原価計算の基本は、アウト

プットの分類方法として，インプットを製品の数で単純に割ることとなります。

では，期末に仕掛品が存在した場合はどのようになるでしょうか。もし，上記の4個のうち，3個が製品であり仕掛品が1個であるならば，同様にインプット総額を4で割った金額を製品と仕掛品の金額にすることは不合理です。仕掛品は，材料や加工の追加投入が足りない状態であることから，製品よりは消費している各原価要素は少なくなるため，付される原価としての金額は製品のそれよりも少額とすることが合理的です。

一方で，仕掛品を無視して，インプットすべてを完成した製品数の3で割ってしまうと，材料や加工を一部施した仕掛品がゼロとなり，これもいささか不合理ではないでしょうか。単純総合原価計算において，この点，つまり仕掛品をいかに評価するかが計算のすべてとなります。

この仕掛品の評価のカギとなるのが，一般的に「完成品換算量」と呼ばれるものです。完成品換算量とは，仕掛品1個当たりの原価を評価する際に，その加工進捗や材料の投入時点等により，完成品である製品に対し，どの程度の割合のものかを示すものです。この割合を完成品換算率とします。もちろん，よほどの特殊事情がない限り，仕掛品1個当たりの完成品換算率は，1よりは小さいものとなるでしょう。

もし，仕掛品1個当たりの完成品換算率がわかっていれば，インプットの合計を製品合計と仕掛品の完成品換算量の合計で割れば，製品1個当たりの原価に合わせ，仕掛品の原価も合理的に算出できることになります。

それでは，完成品換算率が所与のものとして，簡単な単純総合原価計算の設例を考えてみましょう。

設例3-2　単純総合原価計算①

■前提条件
① 当社は家具製造会社であり，工場において1種類の机を製造している。
② 今期の製造状況は以下のとおりである。
・完成品生産量：19,000個

- 仕掛品：2,000個
③ 今期期首における仕掛品は存在しない。
④ 今期の各要素別原価は以下のとおりである。
- 直接材料費：3,500
- 間接材料費：500
- 直接労務費：15,000
- 間接労務費：2,500
- 間接経費：500
⑤ 仕掛品はラインの投入段階から最終段階まで均等に存在している。なお，材料もラインの進捗ごとに投入されている。そのため，仕掛品の完成品換算率は単純に0.5とする。

これについて，図で示すと**図表3-8**のようになります。

図表3-8 設例3-2の製造原価ボックス

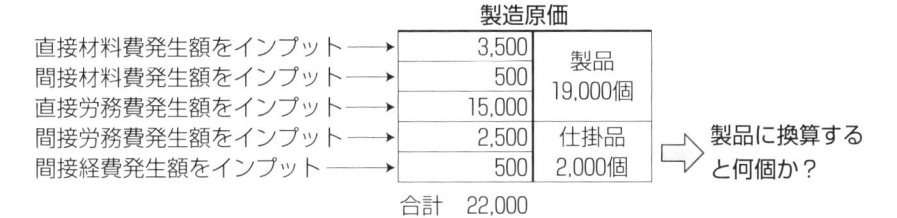

製造原価

直接材料費発生額をインプット →	3,500	製品
間接材料費発生額をインプット →	500	19,000個
直接労務費発生額をインプット →	15,000	
間接労務費発生額をインプット →	2,500	仕掛品
間接経費発生額をインプット →	500	2,000個
合計	22,000	

⇒ 製品に換算すると何個か？

ここでのポイントは，仕掛品2,000個は，仮に完成品と考えると何個になるのか，という点です。ここでは，完成品換算率は与えられていますので，

仕掛品2,000個 × 完成品換算率0.5 ＝ 完成品換算量1,000個

と算出されます。これを利用し，あたかもすべてが完成品であるかのように計算すると，製品1個当たりの金額は，

> インプット総額22,000 ÷（製品19,000個＋仕掛品の完成品換算量1,000個）
> ＝ 製品 1 個当たり原価1.1

となります。製品 1 個当たりの原価が判明すれば，仕掛品2,000個は製品1,000個と同一の価値を有することになるため，

> 製品 1 個当たり単価1.1 × 完成品数量19,000 ＝ 製品20,900
> 製品 1 個当たり単価1.1 × 完成品換算量1,000 ＝ 期末仕掛品1,100

となります。

なお，このケースは，材料も加工に伴い随時投入されていくケースを想定しています。実際，前提条件⑤のような工場では，製造工程の最初のほうに存在する仕掛品は材料費，労務費とも限りなくゼロに近いと考えられます。一方で，製造工程の最後のほうに存在する仕掛品はほぼ完成した製品に近い分の材料費や労務費が投入されていると考えられます。

実際の製造工程においては，ラインの構成や業務の山谷によって，このような単純な形になっているとは限りませんが，一般的に実務上は原価計算において仕掛品は加工進捗度を平均すると，だいたい完成品の0.5と仮定して計算することが多くみられます。

また，製品によっては製造工程の最初に直接材料を投入するケースも考えられ，設例 3 - 2 のように材料費，労務費とは別に完成品換算率を設定することも考えられます。

では，これについて，設例 3 - 2 の⑤の条件を少々変えて確認していきます。

設例3-3　単純総合原価計算②——製造工程の最初に直接材料を投入するケース

■前提条件①〜④は設例 3 - 2 と同じ。

⑤′ 仕掛品はラインの投入段階から最終段階まで均等に存在している。そのため，直接労務費の仕掛品に対する完成品換算率は0.5と設定する。直接材料は製造工程の最初に投入され，間接材料は製造工程の進捗に合わせて投入される。間接労務費，間接経費は直接労務費の投入に応じて発生している。

設例3-2と設例3-3の仕掛品について，進捗と材料費，労務費，経費の負担状況を比較すると**図表3-9**のようになります。

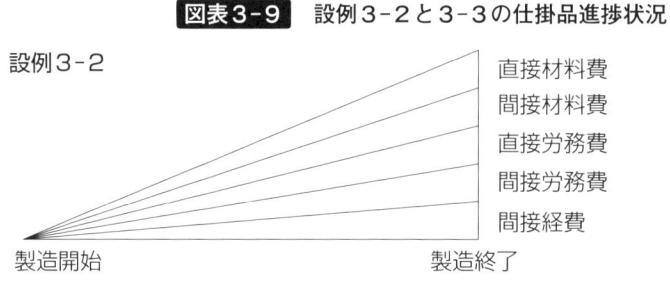

図表3-9 設例3-2と3-3の仕掛品進捗状況

設例3-2

直接材料費
間接材料費
直接労務費
間接労務費
間接経費

製造開始　　　　　　　　　　　製造終了

製造工程に均等に仕掛品が存在すれば，完成品換算率はすべてにおいて0.5

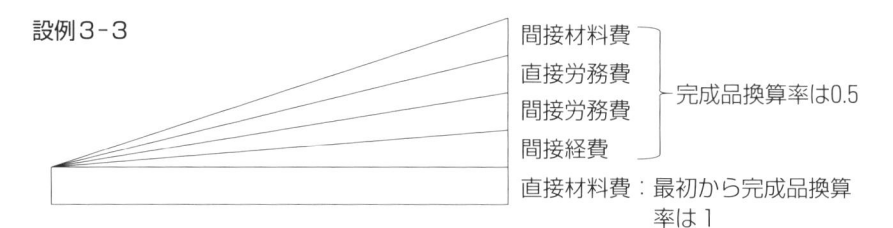

設例3-3

間接材料費
直接労務費　　　完成品換算率は0.5
間接労務費
間接経費

直接材料費：最初から完成品換算率は1

このようなケースは，共通する完成品換算率をまとめて処理し，アウトプットを完成品と仕掛品に分類していくことになります。つまり，直接材料費のみ仕掛品の完成品換算率を1と設定し，その他の原価要素については0.5として計算します。

図表3-10のとおり，同じ単純総合原価計算においても，その製造の状況により投入時期を加味することにより，原価要素ごとの完成品換算率が動き，算出される原価が動くことになります。

図表3-10 設例3-3の原価計算

直接材料費

	製品 19,000個
3,500	仕掛品 2,000個

完成品換算率：1

製品1個当たりの直接材料費：3,500÷(19,000個＋2,000個×1)＝0.167

その他の製造原価

間接材料費	500	製品 19,000個
直接労務費	15,000	
間接労務費	2,500	
間接経費	500	仕掛品 2,000個
合計	18,500	

完成品換算率：0.5

製品1個当たりのその他の製造原価：18,500÷(19,000個＋2,000個×0.5)
　＝0.925

製品1個当たり単価：0.167＋0.925＝1.092
仕掛品1個当たりの単価：0.167×1＋0.925×0.5＝0.6295

⇩

製造原価

仕掛品	3,500	製品 19,000個
間接材料費	500	
直接労務費	15,000	
間接労務費	2,500	仕掛品 2,000個
間接経費	500	
合計	22,000	

19,000個×1.092＝20,741
（この例では端数調整は製品で実施）

2,000個×0.6295＝1,259

　このように，製品の性質に伴い，原価要素ごとに完成品換算率を細かく設定することも考えられます。当該手法のほうが原価計算の算出結果がより現実の製造工程の状況に近づき，精度が増すことになると考えられます。一方で，その設定が多岐にわたればその分だけ計算が複雑になり，手間も増えることになるでしょう。もちろん，単純に設例のようにボックスを増やして1つずつ計算し，最後に合算すれば比較的簡単に原価の製品別計算は可能となります。

今回は効率的な方法として同一の完成品換算率をもつ原価要素をまとめて1つのボックスで計算しましたが，仮に，共通する完成品換算率をもつ原価要素であっても，個別に計算して合算しても計算結果は同一となります。なお，実務上は完成品換算率の設定は，管理上の原価計算（計算結果）に対する要求精度と計算労力の均衡点をいかに設定するかがポイントとなると考えられます。

以上，期首に仕掛品のない単純なケースについて解説しました。次に，期首に仕掛品が存在するケースについて確認しましょう。ここでは，再度，設例3－2に少々条件を加えます。

設例3-4　単純総合原価計算③──期首に仕掛品が存在するケース

■前提条件
① 当社は家具製造会社であり，工場において1種類の机を製造している。
② 今期の製造状況は以下のとおりである。
・完成品生産量：19,000個
・仕掛品：2,000個
③ 今期期首において仕掛品が1,000個存在しており，前期からの引継価額は500であった。
④ 今期の各要素別原価は以下のとおりである。
・直接材料費：3,500
・間接材料費：500
・直接労務費：15,000
・間接労務費：2,500
・間接経費：500
⑤ 仕掛品はラインの投入段階から最終段階まで均等に存在している。なお，材料もラインの進捗ごとに投入されている。そのため，仕掛品の完成品換算率は単純に0.5とする。

この場合，期首に仕掛品がない場合と大きく違う点は，今期の新規投入した原価要素について完成品換算量を算定しなければならない点です。期首に仕掛品がない場合は，今期投入した原価要素合計の完成品換算量は，そのまま製品

の完成品数量合計と仕掛品の完成品換算量との合計と一致することになります。一方で，期首に仕掛品が存在する場合は，期首で引き継いだ完成品換算量が，今期のアウトプットである製品の完成品数量の合計と仕掛品の完成品換算量の合計の一部を構成するため，そこから期首仕掛品の完成品換算量を差し引いたものが，今期投入した原価要素合計の完成品換算量となります。図に表すと**図表3-11**になります。

図表3-11 期首・期末に仕掛品があると…

製造原価

期首仕掛品 1,000個	製品 19,000個
今期投入量 ?個	期末仕掛品 2,000個

仕掛品を完成品換算量に変換 →

製造原価

期首仕掛品 500個	製品 19,000個
今期投入量 19,500個	期末仕掛品 1,000個

19,000＋1,000－500＝19,500

　計算の結果，今期投入した原価要素の合計は，完成品換算量に落とすと19,500になることがわかりました。

　次に，計算の仮定として，期首仕掛品がアウトプットの何を構成するのかを原価計算上設定する必要があります。この仕掛品の評価方法については，以下の３つの仮定が存在します。

先入先出法

　期首仕掛品から順次加工が施され，その後に今期投入した原価要素を加工していくという計算上の仮定。この場合，期末の仕掛品は今期投入した原価要素のみから構成されることになる。

後入先出法

　今期投入した原価要素から順次加工され，期首仕掛品は最後に加工に

回されるという計算上の仮定。この場合，期首仕掛品が期末仕掛品の一部，または全部を構成することになる。

平均法

期首仕掛品と今期投入した原価要素が，それぞれ均等に，製品と期末仕掛品を構成していくという計算上の仮定。

原価計算の方針として，このいずれの仮定を採用するかによって計算結果は異なってきます。**図表3-12～3-14**で，それぞれのパターンについて計算していきます。

このように，上記3つの仮定が異なると当然に計算結果も変わってきます。この3つの仮定は，図表や計算式だけでは少々複雑に感じられるかもしれませんが，結局のところ，「アウトプット」としての製品（完成品）と期末仕掛品が，それぞれ「インプット」としての期首仕掛品，今期投入量のどちらから構成されているかが異なるにすぎません。表にまとめると，**図表3-15**になります。

なお，当該3つの仮定のうち，どれを採用するかを決定し，継続して採用することも原価計算の業務の重要な一部となります。それぞれの仮定によって計算結果が異なってくることも大変重要なポイントです。

以上が，単純総合原価計算の基本的な考え方とその計算方法です。以降，等級別総合原価計算，組別総合原価計算と少々複雑な原価計算を解説していきますが，考え方の根本は変わるものではなく，本項で解説した単純総合原価計算の内容を確認すれば理解しやすいものと思います。

図表3-12 先入先出法の場合

製造原価

500	期首仕掛品 500個相当 →	期首仕掛品の500個相当
22,000	今期投入量 19,500個相当	今期投入分 18,500個
		今期投入分 1,000個相当

製品 19,000個①
期末仕掛品 2,000個②

図表3-13 後入先出法の場合

製造原価

500	期首仕掛品 500個相当	今期投入分 19,000個
22,000	今期投入量 19,500個相当	期首仕掛品 500個相当
		今期投入分 500個相当

製品 19,000個③
期末仕掛品 2,000個④

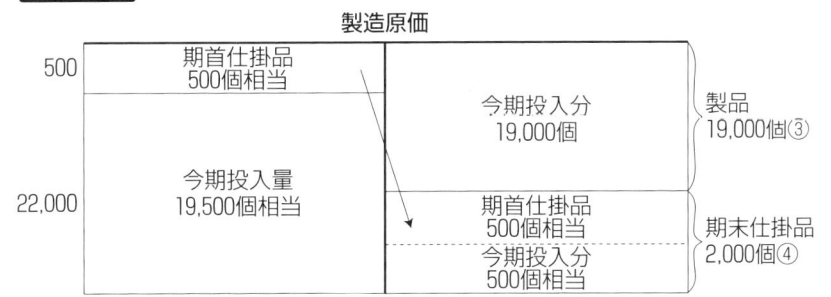

図表3-14 平均法の場合

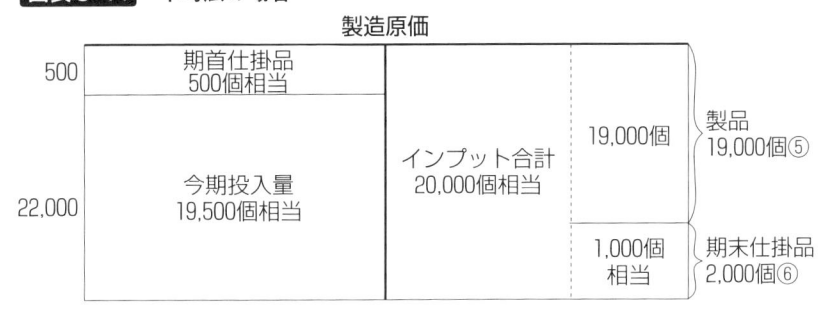

製造原価

500	期首仕掛品 500個相当	インプット合計 20,000個相当	19,000個
22,000	今期投入量 19,500個相当		1,000個相当

製品 19,000個⑤
期末仕掛品 2,000個⑥

①引継額　500
　今期投入額22,000÷今期投入量の完成品換算量19,500個×18,500個（19,000個－500個）＝20,872
　合計　21,372（@1.124）
②今期投入額22,000÷今期投入量の完成品換算量19,500個×完成品換算量1,000個＝1,128（@1.128）

③今期投入額22,000÷今期投入量の完成品換算量19,500個×19,000個＝21,436

④引継額　500
　今期投入額22,000÷今期投入量の完成品換算量19,500個×500個（1,000個－500個）＝564
　合計　1,064（@1.064）

⑤インプット合計（500＋22,000）÷完成品換算量合計20,000個×19,000個＝21,375（@1.125）

⑥インプット合計（500＋22,000）÷完成品換算量合計20,000個×完成品換算量1,000個＝1,125（@1.125）

図表3-15 製品(当期完成品),期末仕掛品の評価方法の特徴

	先入先出法	平均法	後入先出法
製品(当期完成品)	期首仕掛品と今期投入量から構成される	期首仕掛品と今期投入量から,それぞれ均等に構成される	今期投入量のみで構成される
期末仕掛品	今期投入量のみで構成される		期首仕掛品と今期投入量から構成される

3 等級別総合原価計算

「等級別総合原価計算」とは,同一工程において同種の製品を連続生産するものの,その製品の形状,大きさ,品位等によって等級に区分しなければならない場合に適する原価の製品別計算です。

等級別総合原価計算が適するケースは,同一の製品でもサイズが違うもの,少々仕様が違うものを同時に製造する場合などが考えられます。例えば,市販のカレーのルーをイメージしてください。店頭には同じ種類のカレールーでも,家族の人数に合わせ3人用,5人用とサイズが異なるものが見受けられます。また,同じ銘柄のものでも,甘口,中辛,辛口といくつか種類が分かれています。

この場合,サイズが異なるのであれば同様のレシピで作られ,ただ単純に容量の差のみが,最終製品における違いとなります。また,同一製造工程で連続的に味の異なるものを製造している場合,おそらくは工程はほぼ同一で,少々材料を変えているでしょう。このような場合に効率的に各製品の原価を計算する手法が等級別総合原価計算です。もし,仮に同一サイズで1つの味のもののみ製造するのであれば,単純総合原価計算を採用するものと考えられます。この観点からは,等級別総合原価計算は,単純総合原価計算ではカバーしきれないちょっとした製品のバリエーションに対応するための手法ということができ

るかもしれません。

　ただし，大きく異なる点が「等価係数」という考え方です。等価係数とは，各等級製品の重量，長さ，面積，純分度，熱量，硬度など，原価の発生と関連のある製品の諸性質に基づいて算出された係数を指します。イメージとしては単純総合原価計算における完成品換算率に似ており，これにより，各等級品を同一の基準のもと統一された数量に換算し，アウトプットを分けていくことになります。つまり，単純総合原価計算と考え方の根本は一緒であり，総合原価計算の特徴である「いかにアウトプットを分けるか」という議論にとどまるのです。この点を確認して，設例に入っていきます。

設例3-5　等級別総合原価計算①

■前提条件
① 当社は食品製造会社であり，工場において1種類の市販用のカレールーを製造している。なお，その種類は，2人前，3人前の2種類である。
② 今期の製造状況は以下のとおりである。
　・完成品生産量：2人前15,000個，3人前10,000個
　・仕掛品：2人前1,000個，3人前2,000個
③ 今期期首において，仕掛品が2人前1,000個，3人前1,000個分存在しており，前期からの仕掛品の引継価額は600であった。
④ 今期の各要素別原価は以下のとおりである。
　・直接材料費：1,000
　・間接材料費：400
　・直接労務費：11,000
　・間接労務費：2,800
　・間接経費：300
⑤ 仕掛品はラインの投入段階から最終段階まで均等に存在している。なお，材料もラインの進捗ごとに投入されている。そのため，仕掛品の完成品換算率は各完成品に対し単純に0.5とする。
⑥ 等価係数は以下のとおりである。

	2人前	3人前
直接材料費	1	1.5
その他の原価要素	1	1.5

　この場合，まずは単純総合原価計算と同様，3種類のインプット（2人前仕掛品，3人前仕掛品，今期投入量）と4種類あるアウトプット（2人前製品，3人前製品，2人前仕掛品，3人前仕掛品）を統一された数量に換算する必要があります。これを図に表すと**図表3-16**のようになります。

図表3-16 設例3-5の製造原価ボックス

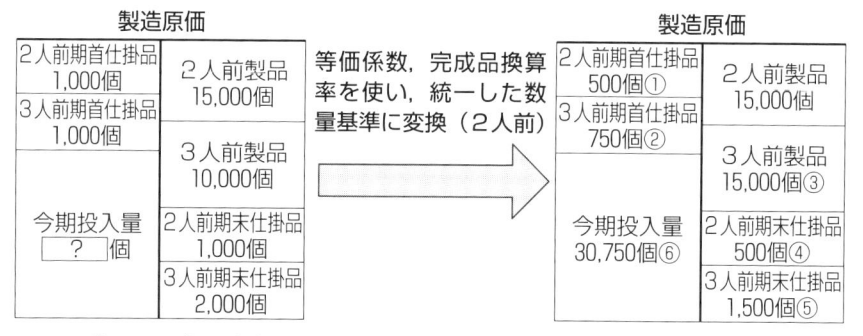

製造原価

2人前期首仕掛品 1,000個	2人前製品 15,000個
3人前期首仕掛品 1,000個	
	3人前製品 10,000個
今期投入量 ?個	2人前期末仕掛品 1,000個
	3人前期末仕掛品 2,000個

等価係数，完成品換算率を使い，統一した数量基準に変換（2人前）

→

製造原価

2人前期首仕掛品 500個①	2人前製品 15,000個
3人前期首仕掛品 750個②	
	3人前製品 15,000個③
今期投入量 30,750個⑥	2人前期末仕掛品 500個④
	3人前期末仕掛品 1,500個⑤

① 1,000個×完成品換算率0.5
② 1,000個×等価係数1.5×完成品換算率0.5
③ 10,000個×等価係数1.5
④ 1,000個×完成品換算率0.5
⑤ 2,000個×等価係数1.5×完成品換算率0.5
⑥ 完成品合計30,000個＋期末仕掛品合計2,000個－期首仕掛品合計1,250個

　どことなく，単純総合原価計算でみた図と似ているかと思います。これも，「アウトプットをいかに分けるか」という共通目的があるので，その解明方法も自ずと同様の方法になるのだと考えられます。このように，インプットとアウトプットが統一された数量に換算されれば，先入先出法（**図表3-17**），後入先出法（**図表3-18**），平均法（**図表3-19**）ともすぐに原価を算出することができます。

実は，同様の計算を前期に実施していたならば，2人前仕掛品原価と3人前仕掛品原価のそれぞれの金額が算出できたこともわかると思います。

　この設例は，完成品換算率が全原価要素共通という仮定のもと，単純化して実施しました。ただし，例えばカレーであれば味の違いにより，直接材料費においても等価係数が生じるケースも考えられます。次に，設例3-5を変更して再度，計算してみましょう。

図表3-17 設例3-5の原価計算（先入先出法の場合）

```
                        製造原価
        ┌──────────────────┬──────────────┬──────────┐  2人前製品
        │2人前期首仕掛品       │              │          │  15,000個①
        │500個相当           │ 1,250個相当   │ 15,000個 │
  600   ├──────────────────┤              │          │
        │3人前期首仕掛品       │              │          │
        │750個相当           │              │          │
        ├──────────────────┼──────────────┼──────────┤  3人前製品
        │                  │              │          │  10,000個②
        │                  │ 28,750個相当  │ 15,000個 │
        │  今期投入量         │              │          │
        │  30,750個相当      ├──────────────┼──────────┤  2人前期末
 15,500 │                  │   合計        │ 500個相当 │  仕掛品 1,000個③
        │                  │ 2,000個相当   ├──────────┤  3人前期末
        │                  │              │1,500個相当│  仕掛品 2,000個④
        └──────────────────┴──────────────┴──────────┘
```

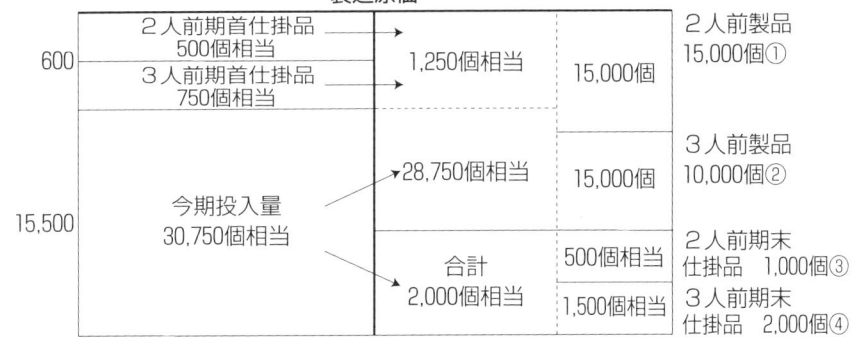

図表3-18 設例3-5の原価計算（後入先出法の場合）

```
                        製造原価
        ┌──────────────────┬──────────────┬──────────┐  2人前製品
        │2人前期首仕掛品       │              │          │  15,000個⑤
        │500個相当           │              │ 15,000個 │
  600   ├──────────────────┤              │          │
        │3人前期首仕掛品       │              │          │
        │750個相当           │              │          │
        ├──────────────────┤ 30,000個相当  ├──────────┤  3人前製品
        │                  │              │          │  10,000個⑥
        │                  │              │ 15,000個 │
        │  今期投入量         │              │          │
        │  30,750個相当      ├──────────────┼──────────┤  2人前期末
 15,500 │                  │  750個相当    │ 500個相当 │  仕掛品 1,000個⑦
        │                  ├──────────────┼──────────┤  3人前期末
        │                  │ 1,250個相当   │1,500個相当│  仕掛品 2,000個⑧
        └──────────────────┴──────────────┴──────────┘
```

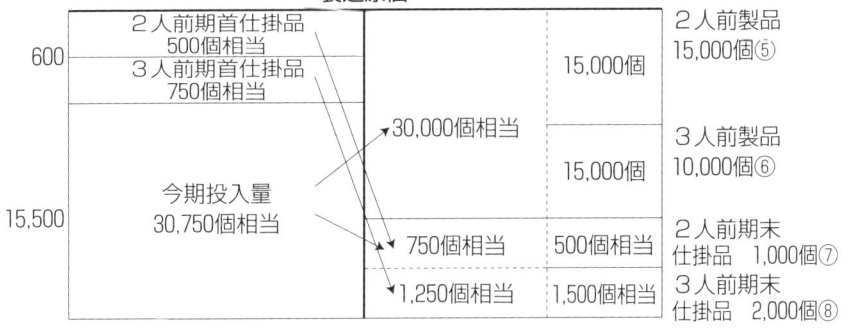

図表3-19 設例3-5の原価計算（平均法の場合）

```
                        製造原価
        ┌──────────────────┬──────────────┬──────────┐  2人前製品
        │2人前期首仕掛品       │              │          │  15,000個⑨
        │500個相当           │              │ 15,000個 │
  600   ├──────────────────┤              │          │
        │3人前期首仕掛品       │              │          │
        │750個相当           │              │          │
        ├──────────────────┤              ├──────────┤  3人前製品
        │                  │              │          │  10,000個⑩
        │                  │ インプット合計  │ 15,000個 │
        │  今期投入量         │ 32,000個相当  │          │
        │  30,750個相当      │              ├──────────┤  2人前期末
 15,500 │                  │              │ 500個相当 │  仕掛品 1,000個⑪
        │                  │              ├──────────┤  3人前期末
        │                  │              │1,500個相当│  仕掛品 2,000個⑫
        └──────────────────┴──────────────┴──────────┘
```

引継額　600
今期投入額15,500÷今期投入量の完成品換算量30,750個×28,750個(30,750個－2,000個)＝14,492
①2人前製品：(引継額600+14,492)÷全製品の完成品換算量30,000×完成品換算量15,000＝7,546
②3人前製品：(引継額600+14,492)÷全製品の完成品換算量30,000×完成品換算量15,000＝7,546

③今期投入額15,500÷今期投入量の完成品換算量30,750個×完成品換算量500個＝252

④今期投入額15,500÷今期投入量の完成品換算量30,750個×完成品換算量1,500個＝756

⑤今期投入額15,500÷今期投入量の完成品換算量30,750個×完成品換算量15,000個＝7,561

⑥今期投入額15,500÷今期投入量の完成品換算量30,750個×完成品換算量15,000個＝7,561

引継額　600
今期投入額15,500÷今期投入量の完成品換算量30,750個×750個(2,000個－1,250個)＝378
⑦2人前仕掛品：(引継額600+378)÷全仕掛品の完成品換算量2,000個×完成品換算量500個＝244
⑧3人前仕掛品：(引継額600+378)÷全仕掛品の完成品換算量2,000個×完成品換算量1,500個＝734
⑨インプット合計(600+15,500)÷完成品換算量合計32,000個×完成品換算量15,000個＝7,547

⑩インプット合計(600+15,500)÷完成品換算量合計32,000個×完成品換算量15,000個＝7,547

⑪インプット合計(600+15,500)÷完成品換算量合計32,000個×完成品換算量500個＝251

⑫インプット合計(600+15,500)÷完成品換算量合計32,000個×完成品換算量1,500個＝755

設例3-6 等級別総合原価計算②──直接材料費において等価係数が生じるケース

■前提条件
① 当社は食品製造会社であり，工場において2種類の市販用のカレールーを製造している。なお，その種類は，辛口，甘口の2種類である。
② 今期の製造状況は以下のとおりである。
  ・完成品生産量：辛口15,000個，甘口10,000個
  ・仕掛品：辛口1,000個，甘口2,000個
③ 今期期首において，仕掛品が辛口2人前1,000個，甘口3人前1,000個分存在しており，前期からの仕掛品の引継価額は600であり，そのうち直接材料費は150であった。
④ 今期の各要素別原価は以下のとおりである。
  ・直接材料費：1,000
  ・間接材料費：400
  ・直接労務費：11,000
  ・間接労務費：2,800
  ・間接経費：300
⑤ 仕掛品はラインの投入段階から最終段階まで均等に存在している。なお，材料もラインの進捗ごとに投入されている。そのため，仕掛品の完成品換算率は各完成品に対し単純に0.5とする。
⑥ 等価係数は以下のとおりである。

	辛口	甘口
直接材料費	1	0.8
その他の原価要素	1	1.2

　この場合も，一見複雑に見えますが，単純総合原価計算で同様に要素別に完成品換算率が異なるケースで，複数のボックスを使って原価要素別に計算し，最後に合算した方法と基本的にはやり方に変わりはありません。
　まずは，前の設例と同様に，完成品換算率別に統一された数量に換算する必要があります。今回は，2つの完成品換算率があるため，ボックスを2つ作成

して計算していくことになります（**図表3-20**）。

図表3-20 設例3-6の製造原価ボックス

直接材料費

辛口期首仕掛品 1,000個	辛口製品 15,000個
甘口期首仕掛品 1,000個	甘口製品 10,000個
今期投入量 ?個	辛口期末仕掛品 1,000個
	甘口期末仕掛品 2,000個

→ 等価係数，完成品換算率を使い，統一した数量基準に変換（辛口）→

直接材料費

辛口期首仕掛品 500個①	辛口製品 15,000個
甘口期首仕掛品 400個②	甘口製品 8,000個③
今期投入量 23,400個⑥	辛口期末仕掛品 500個④
	甘口期末仕掛品 800個⑤

① 1,000個×完成品換算率0.5
② 1,000個×等価係数0.8×完成品換算率0.5
③ 10,000個×等価係数0.8
④ 1,000個×完成品換算率0.5
⑤ 2,000個×等価係数0.8×完成品換算率0.5
⑥ 完成品合計23,000個＋期末仕掛品合計1,300個－期首仕掛品合計900個

その他の製造原価

辛口期首仕掛品 1,000個	辛口製品 15,000個
甘口期首仕掛品 1,000個	甘口製品 10,000個
今期投入量 ?個	辛口期末仕掛品 1,000個
	甘口期末仕掛品 2,000個

→ 等価係数，完成品換算率を使い，統一した数量基準に変換（辛口）→

その他の製造原価

辛口期首仕掛品 500個①	辛口製品 15,000個
甘口期首仕掛品 600個②	甘口製品 12,000個③
今期投入量 27,600個⑥	辛口期末仕掛品 500個④
	甘口期末仕掛品 1,200個⑤

① 1,000個×完成品換算率0.5
② 1,000個×等価係数1.2×完成品換算率0.5
③ 10,000個×等価係数1.2
④ 1,000個×完成品換算率0.5
⑤ 2,000個×等価係数1.2×完成品換算率0.5
⑥ 完成品合計27,000個＋期末仕掛品合計1,700個－期首仕掛品合計1,100個

図表3-21 設例3-6の原価計算（先入先出法の場合）

直接材料費

	辛口期首仕掛品 500個相当 →	900個相当	15,000個	辛口製品 15,000個①
150	甘口期首仕掛品 400個相当 →			
1,000	今期投入量 23,400個相当	22,100個相当	8,000個	甘口製品 10,000個②
		合計 1,300個相当	500個相当	辛口期末仕掛品 1,000個③
			800個相当	甘口期末仕掛品 1,000個④

その他の製造原価

	辛口期首仕掛品 500個相当 →	1,100個相当	15,000個	辛口製品 15,000個⑤
450	甘口期首仕掛品 600個相当 →			
14,500	今期投入量 27,600個相当	25,900個相当	12,000個	甘口製品 10,000個⑥
		合計 1,700個相当	500個相当	辛口期末仕掛品 1,000個⑦
			1,200個相当	甘口期末仕掛品 1,000個⑧

合計

引継額　150
今期投入額1,000÷今期投入量の完成品換算量23,400個×22,100個（全製品の完成品換算量23,000個－900個）＝944
①辛口製品：（引継額150＋944）÷全製品の完成品換算量23,000個×完成品換算量15,000個＝713
②甘口製品：（引継額150＋944）÷全製品の完成品換算量23,000個×完成品換算量8,000個＝381

③今期投入額1,000÷今期投入量の完成品換算量23,400個×完成品換算量500個＝22

④今期投入額1,000÷今期投入量の完成品換算量23,400個×完成品換算量800個＝34

引継額　450
今期投入額14,500÷今期投入量の完成品換算量27,600個×25,900個（全製品の完成品換算量27,000個－1,100個）＝13,607
⑤辛口製品：（引継額450＋13,607）÷全製品の完成品換算量27,000個×完成品換算量15,000個＝7,809
⑥甘口製品：（引継額450＋13,607）÷全製品の完成品換算量27,000個×完成品換算量12,000個＝6,248

⑦今期投入額14,500÷今期投入量の完成品換算量27,600個×完成品換算量500個＝262

⑧今期投入額14,500÷今期投入量の完成品換算量27,600個×完成品換算量1,200個＝631

辛口製品	①713＋⑤7,809＝8,522
甘口製品	②381＋⑥6,248＝6,629
辛口仕掛品	③22＋⑦262＝284
甘口仕掛品	④34＋⑧631＝665

当該換算量がわかれば，設例3-5と同様に3種類の計算は同様に対応できると思います。**図表3-21**では，先入先出法によるものについて記載しましたので，内容を確認してみてください。

　以上，等級別総合原価計算について解説しました。これについても，要はアウトプットにおける統一された数量の換算をいかに行うのか，当該数量に換算したら当期の投入額はいくらになるのかをボックスから読み解けば，後は単純に配賦計算を実施することで対応が可能であることがおわかりいただけたかと思います。

4 組別総合原価計算

　「組別総合原価計算」は，異種製品を組別に連続生産する生産形態に適用されます。等級別総合原価計算と比較した場合，「異種製品」を生産している点が異なります。

　組別総合原価計算が適するケースは，同一の製造工程で並行して異なった製品を製造している場合が考えられます。例えば，自動車工場をイメージしてみてください。同一の製造工程で今日と明日はセダンをつくり，明後日から3日間はワンボックス，それ以降は1週間クーペをつくる，などというケースです。

　この場合，当然に材料費は異なるでしょうが，組立製造工程や塗装製造工程などは同一であり，また，それぞれの製造工程の工具も製品によって交代するのではなく，日々継続して勤務し，製品に応じて対応しています。もし，仮に常に同じセダンをつくり続けるのであれば，単純総合原価計算でカバーできるかもしれません。色違い程度であれば，等級別総合原価計算で処理できるかもしれません。その点では，組別総合原価計算も，やはり単純総合原価計算，等級別総合原価計算ではカバーしきれない製品のバリエーションに対応する手法という理解が適当と思います。

　組別総合原価計算において，ここまではなかった「組」という概念が設定されます。組とは，「製品別」というイメージにほぼ当てはまります。組別総合

原価計算では、まずは原価要素を組に紐付けることのできる「組直接費」と、直接には紐付かない「組間接費」に分類することから始まります。その後、各組ごとに集計された原価要素を製品ごとに按分していきます（**図表3-22**参照）。

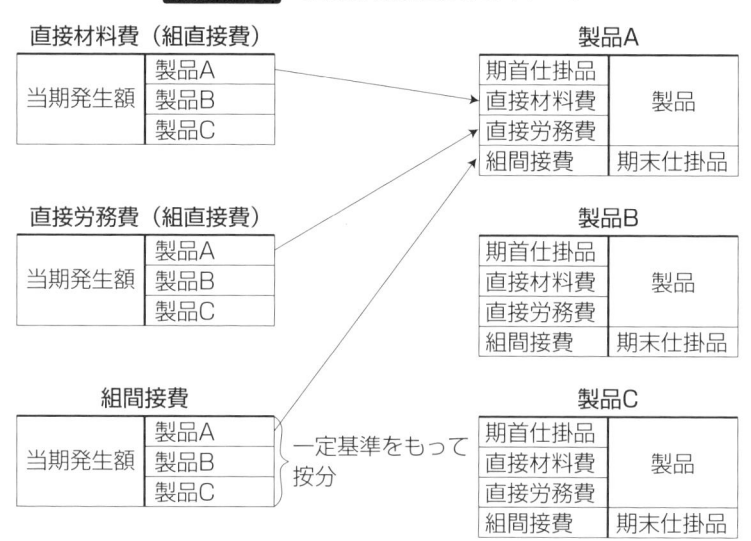

図表3-22 組別総合原価計算のイメージ

直接材料費（組直接費）			製品A	
当期発生額	製品A	→	期首仕掛品	製品
	製品B	→	直接材料費	
	製品C	→	直接労務費	
		→	組間接費	期末仕掛品

直接労務費（組直接費）			製品B	
当期発生額	製品A		期首仕掛品	製品
	製品B		直接材料費	
	製品C		直接労務費	
			組間接費	期末仕掛品

組間接費			製品C	
当期発生額	製品A	一定基準をもって按分	期首仕掛品	製品
	製品B		直接材料費	
	製品C		直接労務費	
			組間接費	期末仕掛品

一見、複雑に見えますが、インプットとアウトプットに分けると、**図表3-23**のようになります。インプットの段階で各原価要素を製造指図書ごとにあらかじめ分類している点は、個別原価計算において想定されている「投入されたインプットをいかにアウトプットに振り分けるか」という作業と同一の方法であり、それとあわせて、ここまで解説した単純総合原価計算や等級別総合原価計算における各組別（製品別）に「アウトプットをいかに原価の製品別に按分するか」という作業との2つの計算作業の組み合わせになっていることがわかると思います。

つまり、繰り返しとなりますが、組別総合原価計算は、個別原価計算で実施したインプットの振り分けと、単純総合原価計算で対応できるアウトプットの振り分けとの組み合わせで対応できるということです。間接費（間接労務費、

図表3-23 組別総合原価計算のインプットとアウトプット

直接材料費（組直接費）

当期発生額	製品A
	製品B
	製品C

製品A

期首仕掛品	
直接材料費	製品
直接労務費	
組間接費	期末仕掛品

直接労務費（組直接費）

当期発生額	製品A
	製品B
	製品C

製品B

期首仕掛品	
直接材料費	製品
直接労務費	
組間接費	期末仕掛品

組間接費

当期発生額	製品A
	製品B
	製品C

一定基準をもって按分

製品C

期首仕掛品	
直接材料費	製品
直接労務費	
組間接費	期末仕掛品

集計した原価要素を製品と仕掛品に振り分ける
（アウトプットの振り分け）
↓
単純総合原価計算に類似

各原価要素を組別に振り分ける
（インプットの振り分け）
↓
個別原価計算において実施した計算に類似

間接経費）を組別に分類し，各組別に総合原価計算を実施すれば，同時に多数の異種製品の原価計算が可能になります。この場合，同種の製品のみで組が構成されていれば，アウトプット部分は製品ごと（組ごと）の総合原価計算と同様の処理を複数同時に行うことで，組別総合原価計算は完了します。

　この点を理解すれば，製造する製品に応じて組の数を設定し，組直接費の認識と組間接費の按分ができれば，製品の数（組の数）がいくら増えても対応できることになります。それでは，ここまでの内容について設例を確認していきましょう。

設例3-7　組別総合原価計算

■前提条件
① 当社は自動車製造会社であり，工場にて複数の種類の車両を製造している。
② 今期，製造している自動車と，計算された組直接費は以下のとおりである。

	セダン	ワンボックス	クーペ
直接材料費	16,000	7,500	14,000
直接労務費	14,400	15,600	18,000

③ 今期発生した組間接費は69,600である。組間接費は直接労務費に応じて各組に配賦することとする。
④ 前期から引き継いだ仕掛品のデータは以下のとおりである。なお，仕掛品の進捗は完成品換算率0.5に設定している。

	セダン	ワンボックス	クーペ
車両数	1,000台	400台	800台
直接材料費	400	250	350
直接労務費	400	100	300
組間接費	600	150	450
合計	1,400	500	1,100

⑤ 今期の生産実績は以下のとおりである。

	セダン	ワンボックス	クーペ
完成品車両数	17,700台	19,500台	19,500台
仕掛品車両数	1,600台	1,400台	1,000台

⑥ セダンは先入先出法，ワンボックスは後入先出法，クーペは平均法の仮定のもと，計算することとする。

　組別総合原価計算では，まず，組間接費を各組に按分することから始めます。この設例では，組間接費を按分する基準は，各組において発生している直接労務費と設定されています。そこで，最初に当期発生組間接費と当期発生直接労務費合計から組間接費配賦率を計算します。

> 当期発生組間接費69,600 ÷ 当期発生直接労務費合計48,000（14,400＋15,600＋18,000）＝ 組間接費配賦率1.45

　この組間接費配賦率から，当期の各製品に按分される組間接費はそれぞれ以下のようになります。

> - セダンの組間接費
>   当期発生組直接労務費14,400 × 組間接費配賦率1.45 ＝ 20,880
> - ワンボックスの組間接費
>   当期発生組直接労務費15,600 × 組間接費配賦率1.45 ＝ 22,620
> - クーペの組間接費
>   当期発生組直接労務費18,000 × 組間接費配賦率1.45 ＝ 26,100

　当該計算により，前期から引き継いだ各要素別原価もあわせて，すべて各組に帰属されたことになりました。

　その後は，設定されている原価計算上の前提に沿った総合原価計算の手法により，アウトプット部分の計算を行うことになります。この過程を計算すると，**図表3-24〜3-27**のようになります。

　ここで，本章をさかのぼって，再度計算の内容について確認してみます。図表3-24における組別に各直接費と間接費を分別する行為は，先に検討した個別原価計算の図表3-5に似ていることがわかると思います。また，同様に図表3-25〜3-27の組間接費を按分した後の計算は，先に検討した図表3-12，つまり単純総合原価計算のものと大変似ています。

　このように，設例を使って実際に数字の流れと処理を比較してみると，先に説明した「組別総合原価計算は個別原価計算と単純総合原価計算の組み合わせのようなもの」というイメージも理解できるのではないでしょうか。

　以上，単純な設例にて組別総合原価計算について説明しました。ただし，実

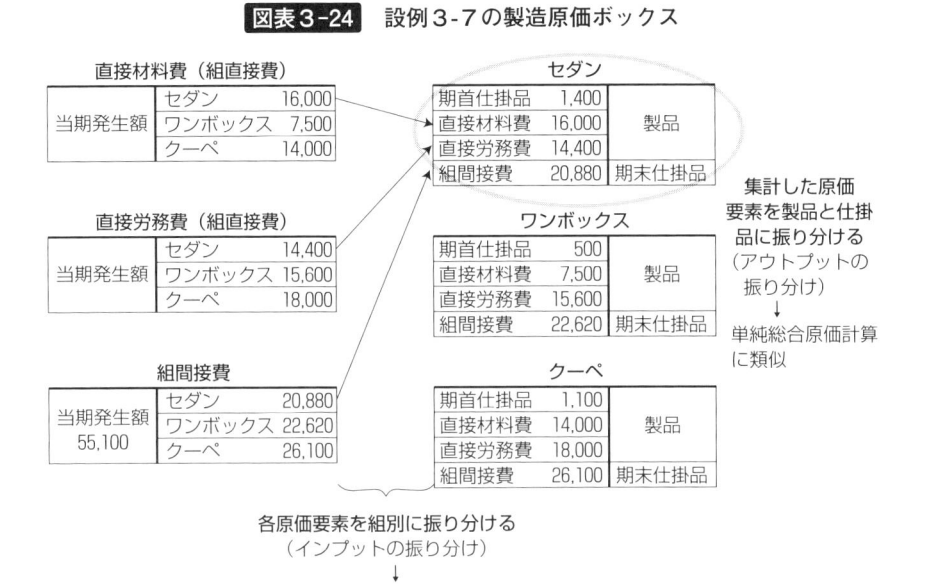

図表3-24 設例3-7の製造原価ボックス

直接材料費（組直接費）

当期発生額	セダン	16,000
	ワンボックス	7,500
	クーペ	14,000

直接労務費（組直接費）

当期発生額	セダン	14,400
	ワンボックス	15,600
	クーペ	18,000

組間接費

当期発生額 55,100	セダン	20,880
	ワンボックス	22,620
	クーペ	26,100

セダン

期首仕掛品	1,400	
直接材料費	16,000	製品
直接労務費	14,400	
組間接費	20,880	期末仕掛品

ワンボックス

期首仕掛品	500	
直接材料費	7,500	製品
直接労務費	15,600	
組間接費	22,620	期末仕掛品

クーペ

期首仕掛品	1,100	
直接材料費	14,000	製品
直接労務費	18,000	
組間接費	26,100	期末仕掛品

集計した原価要素を製品と仕掛品に振り分ける
（アウトプットの振り分け）
↓
単純総合原価計算に類似

各原価要素を組別に振り分ける
（インプットの振り分け）
↓
個別原価計算において実施した計算に類似

際には直接材料費が製造工程の最初に投入されるケース，組間接費が組間接材料費，組間接労務費と組間接経費に分解され集計されているケースなども考えられます。ただし，この場合においても，

インプットを組別に認識 ➡ アウトプットを組別に計算

という根本の考え方は変わりません。先の設例で1つ実施できたアウトプットの計算を原価要素ごとにボックスを作成して計算する，仕掛品のデータを各原価要素別に複数記録しておく，等の追加的な手間は発生するものの，計算ロジックとしては大きく変わるものではありません。

また，設例ではアウトプットの分別を単純総合原価計算に準じて対応しましたが，異種製品といえども等級別総合原価計算に準じて対応できる製品群をまとめて計算することも可能です。例えば，同じセダンでも違う色のものを製造

図表3-25 設例3-7のセダン（先入先出法）の原価計算

製造原価

1,400	期首仕掛品 500台相当 → 期末仕掛品の500台相当

組直接材料費　16,000
組直接労務費　14,400
組間接費　　　20,880
　　合計　　　51,280

今期投入量 18,000台相当 → 今期投入分 17,200台
　　　　　　　　　　　　→ 今期投入分 800台相当

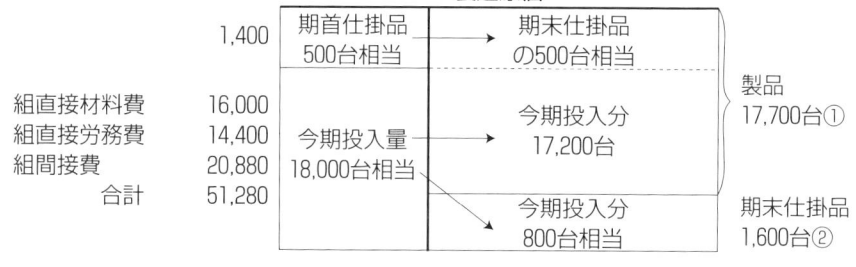

製品 17,700台①
期末仕掛品 1,600台②

図表3-26 設例3-7のワンボックス（後入先出法）の原価計算

製造原価

500　期首仕掛品 200台相当

組直接材料費　 7,500
組直接労務費　15,600
組間接費　　　22,620
　　合計　　　45,720

今期投入量 20,000台相当 → 今期投入分 19,500台
　　　　　　　　　　　　→ 期首仕掛品 200台相当
　　　　　　　　　　　　　新規投入分 500台相当

製品 19,500台③
期末仕掛品 1,400台④

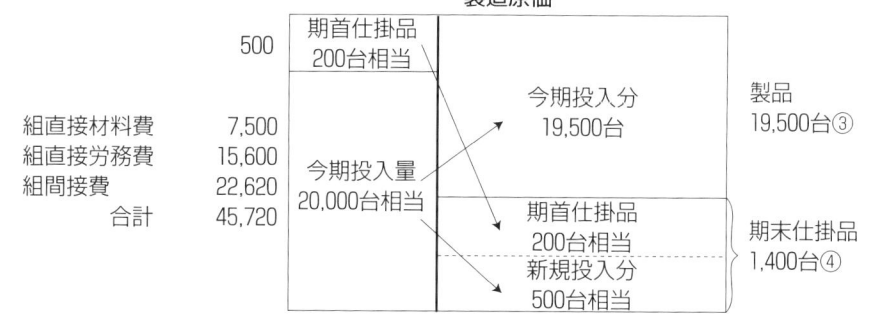

図表3-27 設例3-7のクーペ（平均法）の原価計算

製造原価

1,100　期首仕掛品 400台相当

組直接材料費　14,000
組直接労務費　18,000
組間接費　　　26,100
　　合計　　　58,100

今期投入量 19,600台相当

インプット合計 20,000台相当 → 19,500台
　　　　　　　　　　　　　→ 500台相当

製品 19,500台⑤
期末仕掛品 1,000台⑥

引継額　1,400
①今期投入額51,280÷今期投入量の完成品換算量18,000台×17,200台(17,700台－500台)
　＝49,001
　合計　50,401

②今期投入額51,280÷今期投入量の完成品換算量18,000台×完成品換算量800台＝
　2,279

③今期投入額45,720÷今期投入量の完成品換算量20,000台×19,500台＝44,577

引継額　500
④今期投入額45,720÷今期投入量の完成品換算量20,000台×500台(700台－200台)＝
　1,143
　合計　1,643

⑤インプット合計(1,100+58,100)÷完成品換算量合計20,000台×19,500台＝57,720

⑥インプット合計(1,100+58,100)÷完成品換算量合計20,000台×500台＝1,480

する際，色のバリエーションごとに組を設定するよりも，総合原価計算として処理するアウトプットの計算手法として等級別総合原価計算を採用すれば，計算ボックスの数を減らし，業務量を削減することも可能かもしれません。この点も，原価の製品別計算の軸であるインプットとアウトプットの関係を押さえておけば，製品の実態，管理上必要とする計算の精度および計算の手間をどの点で均衡させるかというバランスを保ちつつ，さまざまな原価計算のバリエーションを設計することが可能となる点をぜひ確認していただきたいと思います。

5 工程別総合原価計算

　ここまで，3つの総合原価計算を，モデル上，1つの工程での計算について解説しました。しかし，実際には連続するいくつかの製造工程を経て製品を完成させるケースが一般的と考えられます。また，1つの工場も生産に関わる部門のみで構成されているわけではありません。

　例えば，単一工程であれば，原材料は当該工程の中での投入で完結しますが，複数工程をまたがるのであれば，前の工程から振り替えられた中間品（半製品）が発生することになります。随時，工程が変わるごとに新規に追加材料が投入されることもあるでしょう。単一工程での前提で原価計算を行った際には，このような原価の振替えや，正確に実態を反映した材料投入を実態に即した形で表現できずに，歪んだ計算結果を招いてしまうおそれがあります。

　また，工場の中には，人事・総務部門や購買部門など，実際の製造工程には関与しない間接部門で発生している経費も存在します。これらの部門は製造部門と違い，製品の加工進捗度や直接労務費に応じてサービスを提供しているものではないことが予想されますので，今まで想定した直接労務費等を基準として原価を製品別に按分した場合，かえって不合理な計算結果となるおそれもあります。

　つまり，「1つの工程」という計算前提のもとでの原価計算では，場合によっては製品に対する経費負担が実態とは異なり，意思決定を惑わすものとし

て計算されることもあるのです。

　以上のような問題点に対して，工程別総合原価計算では，実際の工場の実態に合わせ，原材料，半製品の投入状況を表現することや，経費の負担状況を部門別により正確に原価計算に反映させ対応することになります。これにより，より正確な原価の製品別計算が可能となります。

　もちろん，複数の製造工程を，原価計算上はあたかも1つと想定し，部門別の原価をまとめて集約することも可能かと思われますし，ケースによってはこの方法が一番簡単かもしれません。工程別総合原価計算は，これまでの単一工程を前提とした計算よりは手間もかかります。この点も，実務上は管理上の要請から，この手間と原価の精度の均衡点を決める必要があります。

　なお，工程別総合原価計算を実施する前提として，各部門別の原価計算が必要となります。これについては，先に第2章第3節③において解説していますが，まずは再度，工程別総合原価計算の理解に供するように，少々違った切り口で振り返りたいと思います。

　工程別総合原価計算においては，総合原価計算を実施する前提で，まず各工場の部門を共通部門，間接部門，直接部門に分けます。その後，部門別に原価を集約した後に，共通部門と間接部門のコストを適当な按分基準のもと，直接部門に間接費として集計します。当該集計された間接費は，その後，各直接部門の間接費に合算され，何らかの基準のもと，製品に再按分され，原価の製品別計算を実施することになります（**図表3-28**参照）。

　まずは，工場の直接部門，間接部門の双方全体に用役を提供する部門について認識し，これを共通部門と位置付けます。最初に，共通部門のコストを各部門に按分します。図表3-28では，人事・総務部がこれに当たります。次に，共通部門から按分されたコストを補修部門等の各間接部門のコストと合わせて，それぞれの部門から直接部門に按分します。当該按分されたコストは，組立部門等の直接部門において間接費として帰属させることができます。ここまでが部門別総合計算の前提になります。

図表3-28　工程別総合原価計算の前提

【共通部門】
人事・総務

当期発生額	組立
	溶接
	塗装
	補修
	動燃力
	購買

所属人員を基準で按分

【間接部門】
補修

人事・総務部コスト負担分	組立
当期発生額	溶接
	塗装

補修の依頼回数を基準に按分

動燃力

人事・総務部コスト負担分	組立
当期発生額	溶接
	塗装

使用電力量を基準に按分

購買

人事・総務部コスト負担分	組立
当期発生額	溶接
	塗装

購買件数を基準に按分

【直接部門】
組立（間接費）

人事・総務部コスト負担分	
補修部コスト負担分	
動燃力部コスト負担分	間接費合計
購買部コスト負担分	
当期発生額	

溶接（間接費）

人事・総務部コスト負担分	
補修部コスト負担分	
動燃力部コスト負担分	間接費合計
購買部コスト負担分	
当期発生額	

塗装（間接費）

人事・総務部コスト負担分	
補修部コスト負担分	
動燃力部コスト負担分	間接費合計
購買部コスト負担分	
当期発生額	

　原価の製品別計算を行う際，まずはこのように直接部門にすべて集約することになりますが，ここで2つの問題点が生じます。

- 各部門で発生した実際原価が期末まで計算できないため，部門別原価の按分をタイムリーに実施できない。
- 各部門によって生じた業務の不効率／効率がすべて直接部門に按分され，そこに帰属することとなる。そのため，共通部門，間接部門の業

務状況が把握できず，意思決定目的のデータが入手できない。

上記の問題点を解決するために，共通部門，間接部門のコストの按分について予定価格を採用する手法が多く採用されています。

上記2つの問題点のうち，1つ目については，期末（会社の実態に合わせ，月末等々の各社の決められた原価計算の締めのタイミング）における共通部門の締めの後でないと共通部門が締められない，そのため，共通部門の締めを待たないと直接部門の締めができない，となればタイムリーな原価計算ができず，ひいてはこの計算結果を使って行う意思決定も遅れ遅れになるという状況をイメージしてみてください。

2つ目については，**図表3-29**で説明します。

補修部のコスト構造が1回の補修当たりにかかる変動費と部門の固定費に分かれていると仮定した場合，**（通常時）** のようになります。この場合，例えば通常予想される定期点検が全8回（組立2回，溶接3回，塗装3回）であれば，通常のコストは共通部門である人事・総務部門のコストもあわせて，それぞれ200，300，300と按分されることになります。

この状況のもと，何らかの事情により組立部門での補修が多く発生した場合，**（異常時）ケース1** のような形になります。この場合，補修回数に応じて固定費の負担割合が変化するため，相対的に溶接・塗装の両部門の負担する補修部の費用は減少することになります。つまり，特に通常と何ら変化がないにもかかわらず，他部門の活動の影響により負担コストが減ることになります。

次に，**（異常時）ケース2** を見てください。何らかの事情でこの期の変動コストが上昇したとします。この理由が，例えば多くの新人採用による不効率発生のためという事情であれば，直接部門は各部門の活動に関わりなく割高で補修部門のサービスを受けることになります。

以上のように，実際に発生した原価を採用した際には，各直接部門は間接部門の状況や，他の直接部門の活動の状況の影響を受けることになります。もし，

図表3-29 補修部門のコスト構造と直接部門への配賦①

補修部門のコスト構造

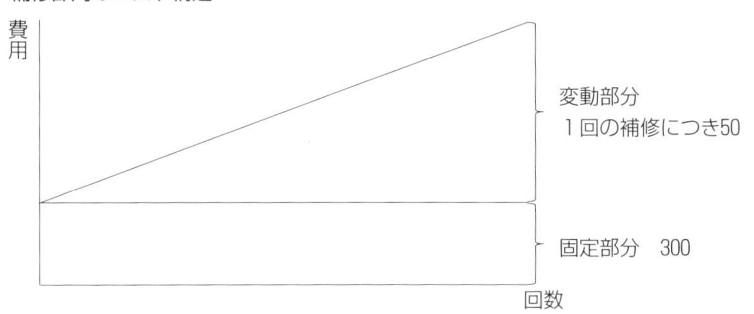

縦軸：費用／横軸：回数

- 変動部分　1回の補修につき50
- 固定部分　300

（通常時）

		補修		按分額
人事・総務部コスト負担分	100	組立（補修回数・通常点検のみ）	2	200
当期発生額（@50×8+300）	700	溶接（補修回数・通常点検のみ）	3	300
		塗装（補修回数・通常点検のみ）	3	300

補修の依頼回数を基準に按分　　800

（異常時）　ケース1　直接部門における異常発生

		補修		按分額	
人事・総務部コスト負担分	100	組立（異常発生）	4	360	
当期発生額（@50×10+300）	800	溶接（補修回数・通常点検のみ）	3	270	通常と変わらないが、組立部門の異常により負担額が減る
		塗装（補修回数・通常点検のみ）	3	270	

補修の依頼回数を基準に按分　　900

（異常時）　ケース2　間接部門における異常発生（1回当たりの変動費の異常）

		補修		按分額	
人事・総務部コスト負担分	100	組立（補修回数・通常点検のみ）	2	250	
当期発生額（@75×8+300）	900	溶接（補修回数・通常点検のみ）	3	375	通常と変わらないが、補修部門の異常により負担額が増える
		塗装（補修回数・通常点検のみ）	3	375	

補修の依頼回数を基準に按分　　1,000

自分が各直接部門の長だったら，このような事情は容認できるでしょうか。他の部門の事情でコストが下がるときはともかくとして，自部門にいわれのない事情により追加のコスト負担を強いられることには抵抗があるでしょう。

では，同様のケースで，通常補修をモデルに補修サービス1回当たりの単価を100に設定してみます（**図表3-30**）。

この場合，溶接・塗装の両直接部門は，補修・組立の両部門の活動の影響を受けることなく，コストを負担することになります。一方で，（異常時）ケース1のようなケースでは，固定費も予定按分した単価を採用していることから，実際に発生した補修部門のコストではなく，用役の提供を受けた回数に応じて補修部門への負担コストを認識します。そのため，このケースでは実際に発生した補修部門のコストである800に対し，3つの直接部門によって負担したコストは1,000となります。つまり，組立部門の超過稼働により，予定配賦された原価と実際原価の差が200生じたことになります。また，（異常時）ケース2のような，補修部門自体で異常なコストが発生したケースでも，同様に，予定配賦された原価と実際原価の差が生じます。

予定配賦の単価を採用する際には，同様に補修部門の予定を超える稼働によって生じた差額や補修部門自体の事情により生じた差額の配分や集計について，取り決めることが必要となります。なお，一般的には，当該差異については一括して間接部門である補修部門に集計し，その性質ごとに整理したうえで，以降の部門運営や意思決定に供するケースが多くみられます。

上記のように直接部門に対して間接費が集約されたのちは，次は各部門の直接費を加味したうえで，部門ごとに総合原価計算を実施することで部門別原価計算は完了します。イメージとしては**図表3-31**のようになります。

なお，この図では，組立・溶接の各部門で完成した中間品を，一度倉庫に入庫してから出庫しています。これは，通常のケースは前工程の事故発生によって自工程の生産の中断がなされないように，少々のバッファーが存在すると想定しているからです。もちろん，当該在庫なしで製造活動を進める際には，前

図表3-30 補修部門のコスト構造と直接部門への配賦②

補修部門のコスト構造

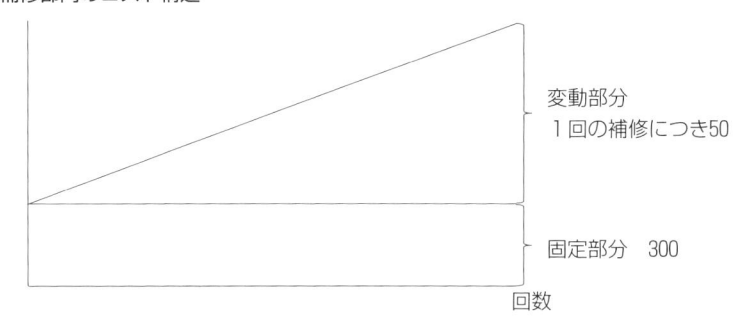

変動部分
1回の補修につき50

固定部分　300

回数

（通常時）

		補修		按分額	
人事・総務部コスト負担分	100	組立（補修回数・通常点検のみ）	2	200	
当期発生額（@50×8+300)	700	溶接（補修回数・通常点検のみ）	3	300	
		塗装（補修回数・通常点検のみ)	3	300	
		補修の依頼回数を基準に按分		800	補修1回当たり　100

（異常時）　ケース1　直接部門における異常発生

		補修			
人事・総務部コスト負担分	100	組立（異常発生）	4	400	4回×100
当期発生額（@50×10+300)	800	溶接（補修回数・通常点検のみ)	3	300	3回×100
		塗装（補修回数・通常点検のみ)	3	300	3回×100
		補修の依頼回数を基準に按分		1,000	実際発生額の900との差額は△100

（異常時）　ケース2　間接部門における異常発生（1回当たりの変動費の異常）

		補修			
人事・総務部コスト負担分	100	組立（補修回数・通常点検のみ)	2	200	2回×100
当期発生額（@75×8+300)	900	溶接（補修回数・通常点検のみ)	3	300	3回×100
		塗装（補修回数・通常点検のみ)	3	300	3回×100
		補修の依頼回数を基準に按分		800	実際発生額の800との差額は200

第3章 原価の製品別計算－実際原価計算　149

図表3-31 工程別総合原価計算における部門別原価計算の流れ

組立部門

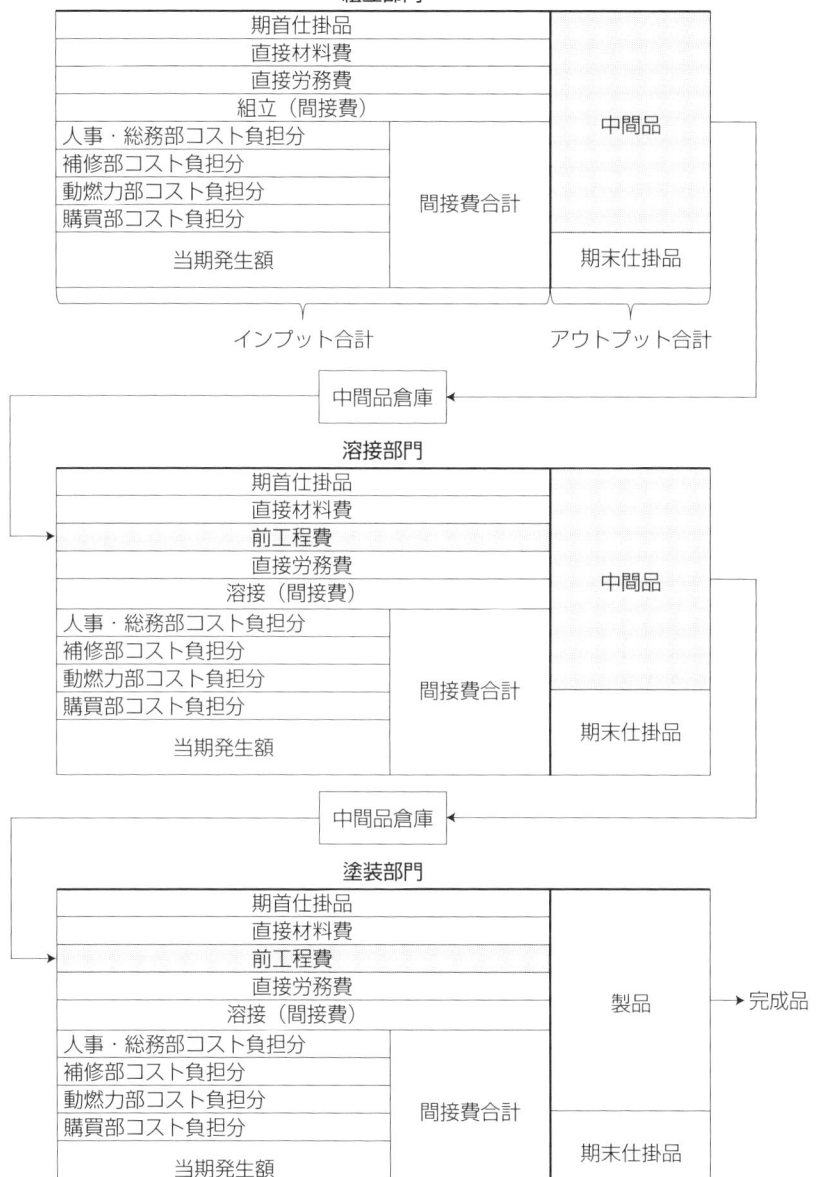

期首仕掛品		
直接材料費		中間品
直接労務費		
組立（間接費）		
人事・総務部コスト負担分	間接費合計	
補修部コスト負担分		
動燃力部コスト負担分		
購買部コスト負担分		期末仕掛品
当期発生額		

インプット合計　　アウトプット合計

→ 中間品倉庫 ←

溶接部門

期首仕掛品		
直接材料費		
前工程費		中間品
直接労務費		
溶接（間接費）		
人事・総務部コスト負担分	間接費合計	
補修部コスト負担分		
動燃力部コスト負担分		
購買部コスト負担分		期末仕掛品
当期発生額		

→ 中間品倉庫 ←

塗装部門

期首仕掛品		
直接材料費		
前工程費		製品	→ 完成品
直接労務費		
溶接（間接費）		
人事・総務部コスト負担分	間接費合計	
補修部コスト負担分		
動燃力部コスト負担分		
購買部コスト負担分		期末仕掛品
当期発生額		

工程の完成品（半製品）はそのまま自工程に振り替えられることになります。

工程別総合原価計算では，複数の工程を経て製品がつくられます。この際，部門においての加工は終了したものの，次部門に振り替えられるものを「中間品」と呼びます。中間品が自工程に振り替えられた際には，原価計算の整理上，直接材料費に準じる形で「前工程費」と呼びます。また，中間品のうち外部に販売可能であるものを特に「半製品」と呼び，通常の中間品と区別することもあります。

このように，中間品や半製品を特に認識している場合，一般的には部門費の按分の際と同様に，前工程費の振替えを予定価格の使用で対応しているケースが多くみられます。これについては，部門費の按分でみられたものと同様に，以下の欠点が生じるからだと考えられます。

- 期末まで各部門における実際原価が計算できない。振り替える中間品の実際原価をタイムリーに認識できない。
- 前工程に生じた業務の不効率／効率がすべて自工程に振り替えられ，そこに帰属することとなる。そのため，各直接部門の業務状況が把握できず，意思決定目的のデータが入手できない。

これらについても，図で確認します。

単純化するため，この工場は総合原価計算において平均法を採用しているものと仮定します。また，中間品は全品次工程に振り替えられるものと仮定します。通常時は**図表3-32**のようであったとします。

第3章 原価の製品別計算－実際原価計算　151

図表3-32　通常時：組立部門から溶接部門への流れ

組立部門

投入金額			
25,000	期首仕掛品 1,000個（完成品換算量 500個）		
75,000	直接材料費	中間品 9,500個	500,000÷(9,500個+500個)×9,500個＝475,000
100,000	直接労務費		
	組立（間接費）		
	人事・総務部コスト負担分		
	補修部コスト負担分		
	動燃力部コスト負担分		
300,000	購買部コスト負担分　間接費合計	期末仕掛品 1,000個（完成品換算量 500個）	500,000÷(9,500個+500個)×500個＝25,000
	当期発生額		
500,000			

インプット合計　　アウトプット合計

溶接部門

投入額			
40,000	期首仕掛品 1,000個（完成品換算量 500個）		
35,000	直接材料費		
→475,000	前工程費 9,500個	中間品 9,500個	800,000÷(9,500個+500個)×9,500個＝760,000
62,500	直接労務費		
	溶接（間接費）		
	人事・総務部コスト負担分		
	補修部コスト負担分		
	動燃力部コスト負担分		
187,500	購買部コスト負担分　間接費合計	期末仕掛品 1,000個（完成品換算量 500個）	800,000÷(9,500個+500個)×500個＝40,000
	当期発生額		
800,000			

そこで，例えば以下のような異常が発生したとします。

- ケース1：組立工の業務不効率発生や仕損品の発生により残業が生じ，直接労務費が増大した。
- ケース2：組立部門，溶接部門とも異常な追加経費が発生し，それぞれ自部門の間接経費が大幅に増大した。

この場合，計算結果は**図表3-33**，**3-34**のようになります。ケース1（図表3-33）においては，溶接部門は前工程である組立部門の影響を受けて，中間品単価が上昇しています。つまり，特に自部門では何ら予定時と活動が変わらないにもかかわらず，アウトプットの金額が増減する結果になります。また，ケース2（図表3-34）では，溶接部門のほうは自部門での追加コストの発生については納得できるものの，組立部門で生じた追加コストの負担について何らかの違和感を持つかもしれません。何より，今回の高くついた製品のコストのうち，自部門の影響がどの程度になるか判別が難しく，今後の改善への数値が捉えられないという点に問題を感じることにもなるでしょう。

実際には，溶接部門の次工程に塗装部門がありますが，前工程費の振替えと計算の実施については図表3-32で表した組立部門と溶接部門との関係に相違ありません。また，ここでぜひ確認していただきたいのは，各部門における計算です。一度各直接部門に帰属するコストが確定したならば，それぞれの部門で実態に合った総合原価計算を実施し，それぞれ前工程費においてつなぎ合わせれば，一連の部門別総合原価計算が完了することもわかるのではないかと思います。

第3章 原価の製品別計算－実際原価計算　153

図表3-33 ケース1：組立工の業務不効率発生により残業が生じ，直接労務費が増大した

組立部門

投入金額			
25,000	期首仕掛品 1,000個（完成品換算量　500個）		
75,000	直接材料費	中間品 9,500個	520,000÷(9,500個+500個)×9,500個 =494,000
120,000	直接労務費		
	組立（間接費）		
	人事・総務部コスト負担分	間接費合計	
	補修部コスト負担分		
	動燃力部コスト負担分		
300,000	購買部コスト負担分		期末仕掛品 1,000個（完成品換算量 500個）	520,000÷(9,500個+500個)×500個 =26,000
	当期発生額		
520,000			

インプット合計　　アウトプット合計

溶接部門

投入額			
40,000	期首仕掛品 1,000個（完成品換算量　500個）		
35,000	直接材料費		
→494,000	前工程費 9,500個	中間品 9,500個	819,000÷(9,500個+500個)×9,500個 =778,050
62,500	直接労務費		
	溶接（間接費）		
	人事・総務部コスト負担分	間接費合計	
	補修部コスト負担分		
	動燃力部コスト負担分		
187,500	購買部コスト負担分		期末仕掛品 1,000個（完成品換算量 500個）	819,000÷(9,500個+500個)×500個 =40,950
	当期発生額		
819,000			

図表3-34 ケース2:組立部門,溶接部門とも異常な追加経費が発生し,それぞれ自部門の間接経費が大幅に増大した

組立部門

投入金額			
25,000	期首仕掛品 1,000個（完成品換算量 500個）		
75,000	直接材料費		
100,000	直接労務費	中間品 9,500個	550,000÷(9,500個+500個)×9,500個 =522,500
	組立（間接費）		
	人事・総務部コスト負担分		
	補修部コスト負担分	間接費合計	
	動燃力部コスト負担分		
350,000	購買部コスト負担分		
	当期発生額 追加50,000	期末仕掛品 1,000個（完成品換算量 500個）	550,000÷(9,500個+500個)×500個 =27,500
550,000			

インプット合計　　　アウトプット合計

溶接部門

投入額			
40,000	期首仕掛品 1,000個（完成品換算量 500個）		
35,000	直接材料費		
→522,500	前工程費 9,500個	中間品 9,500個	910,000÷(9,500個+500個)×9,500個 =864,500
62,500	直接労務費		
	溶接（間接費）		
	人事・総務部コスト負担分		
	補修部コスト負担分	間接費合計	
	動燃力部コスト負担分		
250,000	購買部コスト負担分		
	当期発生額 追加62,500	期末仕掛品 1,000個（完成品換算量 500個）	910,000÷(9,500個+500個)×500個 =45,500
910,000			

これに対し，組立部門から溶接部門への振替時予定価格を50，溶接部門から塗装部門への振替単価を80に設定した例を見てみます（**図表3-35，3-36**）。

　この方法では，本来負担すべき追加コストが各部門別に把握できるため，意思決定上も部門別にそれぞれの改善策を採用することができるものと考えます。

　もちろん，部門間振替えの配賦率や前工程費の予定価格を採用しても，実際原価の算出は追って行われるため，かえって手間がかかる点も否定できません。実務上は，迅速な原価計算の実施と各部門における追加コストの発生といった観点や，部門間振替えの配賦率と前工程費の予定価格の設定によるメリット（効率的業務の実施について把握できる点等）と二重計算による手間との均衡点を鑑みたうえで，各社の実態に合った部門別総合原価計算を設定することが重要と考えます。

図表3-35 ケース1:組立工の業務不効率発生により残業が生じ、直接労務費が増大した(振替時予定価格@50)

組立部門

投入金額			
25,000	期首仕掛品 1,000個 (完成品換算量 500個)		
75,000	直接材料費	中間品 9,500個	520,000÷(9,500個+500個)×9,500個=494,000
120,000	直接労務費		
	組立(間接費)		うち、@50×9,500個の475,000を振替え
	人事・総務部コスト負担分		
	補修部コスト負担分		
	動燃力部コスト負担分	間接費合計	
300,000	購買部コスト負担分		
	当期発生額	期末仕掛品 1,000個 (完成品換算量 500個)	520,000÷(9,500+500)×500個=26,000
520,000			
	インプット合計	アウトプット合計	実際原価との差額19,000は自部門にて認識(一部は仕掛品に負担)

溶接部門

投入額			
40,000	期首仕掛品 1,000個 (完成品換算量 500個)		
35,000	直接材料費		
→475,000	前工程費 9,500個	中間品 9,500個	800,000÷(9,500個+500個)×9,500個=760,000
62,500	直接労務費		
	溶接(間接費)		
	人事・総務部コスト負担分		
	補修部コスト負担分		
	動燃力部コスト負担分		
187,500	購買部コスト負担分	間接費合計	
	当期発生額	期末仕掛品 1,000個 (完成品換算量 500個)	800,000÷(9,500個+500個)×500個=40,000
800,000			

第3章 原価の製品別計算－実際原価計算　157

図表3-36 ケース2：組立部門，溶接部門とも異常な追加経費が発生し，それぞれ自部門の間接経費が大幅に増大した（振替時予定価格@50）

組立部門

投入金額		
25,000	期首仕掛品 1,000個（完成品換算量 500個）	
75,000	直接材料費	中間品 9,500個
100,000	直接労務費	
	組立（間接費）	
	人事・総務部コスト負担分	
	補修部コスト負担分	
	動燃力部コスト負担分	
350,000	購買部コスト負担分　間接費合計	期末仕掛品 1,000個（完成品換算量 500個）
	当期発生額 追加50,000	
550,000	インプット合計	アウトプット合計

550,000÷(9,500個+500個)×9,500個 =522,500

うち，@50×9,500個の475,000を振替え

550,000÷(9,500個+500個)×500個 =27,500

実際原価との差額47,500は自部門にて認識（一部は仕掛品に負担）

溶接部門

投入額		
40,000	期首仕掛品 1,000個（完成品換算量 500個）	
35,000	直接材料費	
→475,000	前工程費 9,500個	中間品 9,500個
62,500	直接労務費	
	溶接（間接費）	
	人事・総務部コスト負担分	
	補修部コスト負担分	
	動燃力部コスト負担分	
250,000	購買部コスト負担分　間接費合計	期末仕掛品 1,000個（完成品換算量 500個）
	当期発生額 追加62,500	
862,500		

862,500÷(9,500個+500個)×9,500個 =819,375

うち，@80×9,500個の760,000を振替

↓塗装部門へ

862,500÷(9,500個+500個)×500個 =43,125

実際原価との差額59,375は部門にて認識（一部は仕掛品に負担）

第4節 予定価格の設定と原価差異

　前節まで，原価の製品別計算について確認してきました。その際，最後の工程別総合原価計算における予定価格の使用とそのメリットについて言及しました。

　原価の製品別計算に実際原価計算を採用した場合，予定価格と財貨の実際消費量を使って処理していくことになります。そのため，最終的に，実際価格（実際の取得原価や発生額）と財貨の実際使用量によって計算された金額との差が生じることとなりますが，この金額を「原価差異」といいます（**図表3-37**参照）。

図表3-37　原価差異

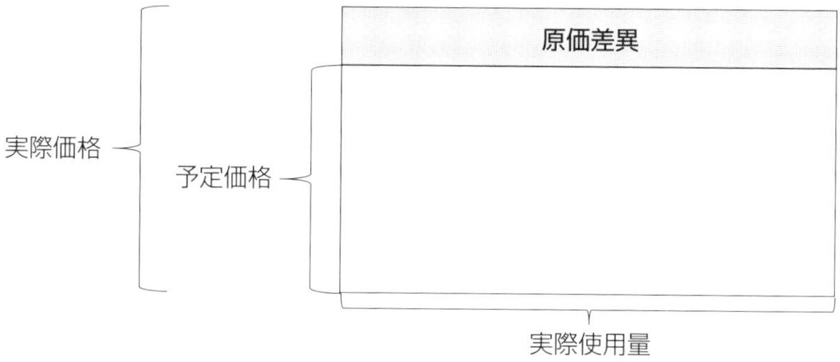

（実際価格／予定価格／原価差異／実際使用量）

　原価差異は，原価計算の実務上は一定期間分をまとめて集計して売上原価に全額算入する処理が多くみられます。理論的には，原価差異はそれを生じさせる原因となったインプットである当期投入量の構成割合に応じ，売上原価のうち，今期完成分で構成される部分，期末製品および期末仕掛品のそれぞれの金額に応じて負担します。これを「金額基準による配賦」などと呼んでいます。なお，実務上は売上原価の構成部分が他の2つに比べて大きいため，原価計算上はそこに一括して負担させている，というのが実態です。なお，原価差異の

内容を費目別や発生部門別に分析することによって，業務改善やコスト圧縮へのヒントにつなげることもできます。以下，具体的にそれぞれの原価差異について解説します。

1 材料に関する原価差異

材料に対して予定価格を使用した際に，主に３つの原価差異が発生します（**図表３-38**参照）。

まずは，材料を購入する際に購入代価以外のコストが発生しています。これらの経費を「材料副費」と呼びます。以下，第２章の説明の繰り返しとなりますが，例えば，買入手数料，負担する運賃，通関費用等です。このような納入するまでにかかる外部コストは，特に「外部材料副費」といいます。また，自社内においても，納入時の検収業務や保管費用が別途計上されることもあります。このような材料にかかる内部コストを購入原価に加算する際には，特に

図表３-38 各種の原価差異

原材料購入代価	原材料購入原価	受入価格（予定価格）	→倉庫に一時入庫
材料副費	材料副費予定配賦額	材料受入価格差異	
	材料副費配賦差異		

製造部門に出庫→	払出原価	消費価格（予定価格）
		材料消費価格差異

「内部材料副費」といいます。

　以上のような材料副費の一部または全部を予定配賦率によって材料の購入原価に算入することによって生じる差異を「材料副費配賦差異」といいます。これらの副費についても，外部からの請求書や検収部門の原価集計等，集計に時間がかかることもあり，原価計算基準において予定配賦率の使用が認められています。また，材料副費の一部を間接費にて処理することも認められていますが，仮に管理上，予定配賦率を採用している際には，当然に実際のコストとの差が生じることになります。

　また，材料副費も加えた受入価格を予定価格等で計算する際には，実際発生額との差額を「材料受入価格差異」と呼びます。また，各製造部門に払い出すときの消費価格に予定価格等を採用した際に生じる原価差異は「材料消費価格差異」と呼びます。

　なお，ここで特に材料受入価格差異と材料消費価格差異を分けていますが，これは，第2章で材料購入原価と材料消費原価の違いで説明したように，原材料費受払時の払出価格の計算において，払出しのタイミングと購入時の価格確定までのタイムラグにより必ずしも一致しないため，それぞれの原価差異を適時に把握するために区分して認識しています。

　原価計算上はそれぞれ，原則として以下のように処理されます。

- 材料副費配賦差異，材料消費価格差異……当年度の売上原価に賦課する
- 材料受入価格差異……当年度の材料の受払高と期末在庫に賦課する

　なお，予定価格設定の不適正等により比較的多額の原価差異が発生した際には，当年度の売上原価と期末における棚卸資産に，本節の冒頭で説明したような金額基準による配賦等，一定のルールによって配賦することになります。

　原価計算および会計処理上は，以上のような年度一括の対応で終了となりますが，管理上はその要素分析を適時に把握することにより，意思決定に使用することも可能です。特に内部材料副費について発生した原価差異や，材料受入

価格差異などは，材料受入れに関連する他部門の不効率や何らかの業務改善に供する情報が隠されていることが考えられます。材料の購入計画時に想定された材料使用量と実際の使用量とのミスマッチによって保管費用が予定以上に計上された，検収作業の不効率によってコストが多く生じた，等々，発生金額の要素ごとに詳細に分析することにより多くの改善すべき点が数値上浮き彫りになるのではないでしょうか。この際は，発生の趨勢や前年同期比較等による分析により原因を究明し，以降の業務に活用していくことができれば，ただの原価差異も生きた数字に見えてくるものと思います。

2 その他の原価差異

材料費以外においては，主に直接労務費や製造間接費にて原価差異が認識されます。

直接労務費について予定賃率をもって計算した際には，実際の賃金との差額は「賃率差異」として認識されます。当該差異の認識は，特に直接部門によって実施され確認されます。

また，製造間接費を予定配賦率で計算する際に発生するものを「製造間接費配賦差異」と呼びます。製造間接費配賦差異は，ある部門で発生した製造間接費に対して設定されることが多いですが，補助部門の費用を直接部門に賦課する際に予定配賦率を採用する場合においても発生します。この場合，特に「補助部門費配賦差異」と呼ぶこともあります。

上記の原価差異は，材料消費価格差異と同様，原則として当年度の売上原価として処理されます。なお，予定価格設定の不適正等により比較的多額の原価差異が発生した際には，やはり材料消費価格差異と同様に，当年度の売上原価と期末における棚卸資産に金額基準による配賦等によって処理することになります。

これらの原価差異も，やはり業務改善やコスト削減に活用できることが多く，発生時には適時に分析していくことが有効と考えます。

第4章

標準原価計算

第1節 標準原価計算の内容と目的

はじめに，標準原価計算とは何かを確認します。原価計算基準では，標準原価計算の目的である「原価管理」について次のように述べられています。

> 原価管理とは，原価の標準を設定してこれを指示し，原価の実際の発生額を記録計算し，これを標準と比較して，その差異の原因を分析し，これに関する資料を経営管理者に報告し，原価能率を増進する措置を講ずることをいう。

前章までみてきた原価計算は，**実際**原価計算でした。これは，実際に発生した原価を集計して，製品の製造原価を計算するものです。

一方，これからみていく原価計算は，**標準原価計算**といいます。標準原価計算とは，統計的・科学的方法によって，あらかじめ向こう1年間にわたって目標とすべき**原価標準**を設定し，これに基づき製品原価（**標準原価**）を計算する方法をいいます。実際原価計算は，事後的に実際かかったコストを集計することに意義がありますが，標準原価計算は，事前に目標とすべき原価水準を定め，実績値と比較分析することで，原価発生をコントロールしていくことに大きな意義があります。

なお，「原価標準」と「標準原価」は非常に似た用語であるため紛らわしいのですが，両者の意味は異なるので注意が必要です。原価標準は製品1単位当たりの目標値となる製造原価をいいます。これに対し，標準原価は1期間を通じて完成した製品の目標製造原価の合計をいいます。したがって，

> 標準原価＝原価標準×1期間の完成品個数

の等式が成り立ちます。細かい話のようですが，両者のイメージは大きく異な

りますので注意が必要です。

図表4-1 「原価標準」と「標準原価」

原価標準 ➡ 「製品1単位」当たりの目標製造原価
標準原価 ➡ 「原価計算期間」における完成品の目標製造原価合計(原価標準×1期間の完成品)

算定された**標準原価**は**実際原価**と比較し,差異があれば内容を分析することで,原価管理に役立てていきます。「原価管理」とは,実際原価を標準原価に引き下げられるように,製造過程における無駄やロスを把握し分析することで,原価を目標水準に維持・改善しようとするものです。原価管理は原価計算の大きな目的の1つですが,実際原価計算の枠組みにおいては,それを行うことが困難でした。なぜなら,拠りどころとなる原価の目標値が設定されていないからです。標準原価計算では,その目標値を明確にしたうえで,結果として出た実績と比較・分析し,無駄や不能率がどこにあるのかを突き止めることで,原価管理に役立たせることができるようになります。

以上のように原価管理は,標準原価計算の最も大きな目的と考えられます。一方で,原価計算基準は,このほかにも以下のような目的を想定しています。原価管理以外の目的は若干優先順位が劣るものの,標準原価計算の特徴がよく表れ,標準原価計算を理解するために有用であるため,以下で確認したいと思います。

標準原価計算の目的
(1) 原価管理目的(最重要)
 原価管理目的として,標準原価は次のような機能を担う。
  • 事前管理:期初の計画段階において,トップマネジメントが現場に対し原価の目標水準を設定し伝達するための手段として機能する。また,

現場管理者に対しては，目標達成へのモチベーションとして働きかける。
- 期中管理：期中において，原価の目標水準と実績水準がどれだけ離れているかを確かめることで，現場管理や改善に役立つ情報を提供する。
- 事後管理：原価計算期間を通じて計算された実際原価を，目標値である標準原価と比較したり差異分析したりすることによって，その後の改善計画に役立つ情報を提供する。また，現場管理者に対しては，目標達成度合いを測ることで業績評価の指標として機能する。

(2) 財務諸表作成目的（棚卸資産や売上原価の計算）

　財務諸表を作成するうえでは，棚卸資産（貸借対照表）の金額や売上原価（損益計算書）の金額を計算することが必要となる。標準原価計算はこれに必要なデータを提供する。標準原価計算に基づいて計算された売上原価や棚卸資産は，原価差異を適切に処理することを条件に，原価計算基準では「真実の原価」として認められている。つまり，原価差異が少額の場合には，標準原価をそのまま財務諸表に取り込むことができる。

(3) 予算編成目的

　標準原価をベースに1年間の予算をつくれば，実績が確定したときに，詳細な予算と実績の比較や差異分析が可能となる。ただし，標準原価は，目標値としての性格が強いため，それに基づいて編成された予算はタイトなものとなる傾向がみられる。そこで，過去の統計結果などからある程度の余裕度をもたせて予算を編成するのもよい。

(4) 記帳手続の簡便化・迅速化目的

　標準原価計算を行えば，実際原価計算を行う場合と比較して，記帳の事務負担が軽減される。すなわち，実際原価計算を行う場合は，原価計算期間が終了して実際の費用結果が判明した後に，ようやく計算を始めることができる。その後にさまざまなプロセスを経て製品原価を計算することになる。一方で，標準原価計算を行えば，製品の生産量が決まれ

ば原価標準を乗じることで製造原価を計算できる。また，製品の製造原価が決まれば，さらに製品の販売量を乗じることで売上原価・棚卸資産の金額まで計算してしまうことができるので，簡単かつスピーディーな処理が可能となる。

　標準原価計算には，以上のようなさまざまなメリットがあるので，多くの会社が標準原価計算，またはその考え方の一部を取り入れています。
　さて，第2節以降で，標準原価計算の具体的な計算手続をみていきますが，まずは全体像を把握していきます。

　標準原価計算は，**図表4-2**のような計算プロセスによって構成されます。

図表4-2　標準原価計算プロセスの全体像

---
① 原価標準の設定（期初）
製品1単位当たりの原価の標準（目標値）を設定する

⬇

---
② 標準原価計算の実施（期中）
設定した原価標準に基づき，原価計算期間に完成した製品の標準原価を算定する

⬇

---
③ 実際原価計算の実施（期中）
原価計算期間終了後に，原価計算期間に完成した製品の実際原価を算定する

⬇

---
④ 原価差異の把握・分析（期末）
原価差異（標準原価－実際原価）を計算し，差異が生じた要因を分析することで，原価管理に役立てる

⬇

---
⑤ 原価差異の会計処理（期末）
把握された原価差異について適切に会計処理を行う

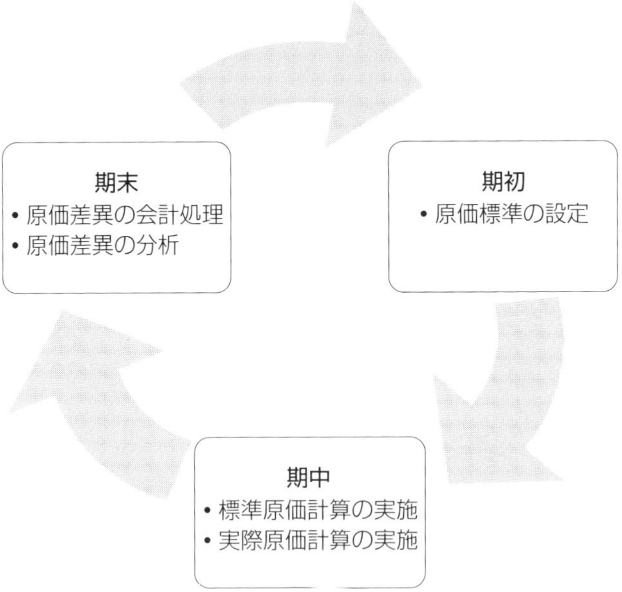

期初
- 原価標準の設定

期中
- 標準原価計算の実施
- 実際原価計算の実施

期末
- 原価差異の会計処理
- 原価差異の分析

第2節 標準原価計算の計算実務

それでは，標準原価計算の具体的な計算手続について説明していきます。読み進めていくうえで，第1節で述べた計算プロセス全体像（図表4－2）の，どの時点の話なのか，随時確認されるとより一層理解が深まるのでぜひ参照してください。

1 原価標準の設定

原価標準は前述のとおり「製品1単位当たりの目標値となる原価」です。原価は材料費・労務費・経費などの要素によって構成されるため，目標値の設定も要素ごとに行います。具体的には，各原価要素について（直接材料費・直接労務費・製造間接費），あるべき価格（価格標準）とあるべき数量（物量標準）を考慮して算定します。なお，製品1単位当たりのあるべき製造原価をまとめたものを「標準原価カード」といいます（**図表4-3**）。

図表4-3 標準原価カード

	価格標準		物量標準		原価標準
直接材料費：	標準価格	×	標準数量	＝	標準直接材料費
直接労務費：	標準賃率	×	標準作業時間	＝	標準直接労務費
製造間接費：	標準間接費配賦率	×	標準時間	＝	標準製造間接費
合計：					原価標準（製品1単位当たり）

原価標準の設定は，1原価計算期間の計算プロセスを支える土台となるため，慎重に行わなければなりません。標準原価計算を原価管理に役立てるためには，価格データよりも物量データ（材料使用量や作業時間など）により大きな意識

を傾けることが重要です。価格は企業にとってコントロールできない場合が多い一方で，物量は企業の努力次第で低減できる場合が多いからです。

これらの目標となる物量データは，一般的に現場の作業監督者・エンジニアが，現場作業員に対してトップダウンで目標使用量や目標作業時間を設定する形で提示されます。このとき，「目標」というからには，現場のモチベーションをうまく引き出せるような水準に設定するべきです。高すぎれば「あきらめ」が生じてしまうかもしれませんし，低すぎれば「楽」をしてしまうかもしれないからです。

なお，原価標準はいったん設定してしまえば終わりというものではありません。つまり，原価計算期間中に材料価格相場や賃金水準の変動が生じる場合や，製品製造の条件が大幅に変更されるような場合は，必要に応じて適宜原価標準を見直す必要があります。適切な原価標準が設定されていないと，せっかく標準原価計算を行っても原価管理に役立てることができないばかりか，作成される財務諸表もいい加減なものになってしまうため，継続的に留意していくことが必要です。

(1) 標準直接材料費の設定

標準直接材料費の設定は，標準価格および標準数量の設定によって行います。

① 標準価格の設定

標準価格は製品をつくるために必要な材料別に設定します。価格の管理責任は購買部門が担うケースが多いでしょう。材料の種類によっては，市況の変化を受けて大きく価格変動するものもあり，企業にとってはコントロールできない場合も少なくありません。しかし，購買先の選定や価格交渉を通じて切り詰める余地もあるかもしれません。

したがって，マネジメントが標準価格を設定するときは，購買部門とともに，市況や取引先などについての情報共有をしっかりと行い，購買部門が購買先を選定する場合や価格交渉を行う場合における適切な目標値となるよう，工夫す

る必要があります。実情とかけ離れた価格を設定すると，かえって購買部門のモチベーションを下げてしまうからです。また，標準価格の定期的な見直しを行い，現実と目標があまりかけ離れないようにすることも大切です。

② 標準数量の設定

標準数量は，標準直接労務費における標準時間と並んで，製造現場が管理すべき最も大事な指標の1つです。したがって，標準数量は，製造現場の目標値として最適な水準に設定する必要があります。そのためには，材料の種類・品質・性質などをよく勘案し，不可避的に生じる仕損や歩留まりなどを織り込んでおくことが重要です。例えば，材料として仕入れた野菜を食品加工する場合において，野菜の皮むきによって重量減（歩留まり）が生じるのは不可避でしょう。不可避の歩留まりを考慮しない標準数量は，目標として高すぎると考えられます。重要なのは，現実に照らして，現場の作業目標となる水準をよく見定めることです。

(2) 標準直接労務費の設定

標準直接労務費の設定は，標準賃率の設定と標準時間の設定によって行います。

① 標準賃率の設定

従業員の賃率は通常，従業員の採用条件，労使交渉や労働法などによって決定されるため，所与の条件となる場合が多く，コントロールする余地は少ないといえます。したがって，雇用形態や労働条件に照らして，実態にマッチした賃率を設定しなければなりません。

② 標準時間の設定

作業時間は現場の能率によって左右されるため，製造現場が行う原価管理としては，最も重要な指標の1つとなります。標準時間についても，やはり作業

員のモチベーションを喚起するような水準に設定する必要があります。

　留意しなければならないのは，作業時間というと，人的な作業をイメージしがちですが，必ずしも人的な作業のみで作業能率が決まるわけではないという点です。例えば，製造機械を使用して製造を行う製造現場であれば，機械の稼働率や能力によっても制約を受けるものです。したがって，標準時間は，不可避的に発生する段取時間や手待ち時間などの人的要素に加えて，機械の操業度などの外的要因も考慮に入れて適切に設定しなければなりません。そのためには，製造プロセス全体を把握し，どこにどのような制約があるかを識別したうえで，現場の作業目標となる時間に設定する必要があります。

(3) 標準製造間接費の設定

　直接材料費や直接労務費は製品の製造に直接的に結び付けることができるものです。したがって，その価格標準の設定も製品との紐付けで，ある程度，直接的に行うことができます。一方，製造間接費はその性質上，多くの固定費を含む原価要素であるため，直接的に価格標準を設定することは困難です。製造間接費の価格標準である標準間接費配賦率は，次のとおり計算します。

> 標準間接費配賦率 ＝ 製造間接費予算額 ÷ 基準操業度

　標準間接費の配賦率を計算するためには，間接費予算を設定したうえで，その基礎となる操業度を決める必要があります。

① 基準操業度の決定

　操業度は，製造間接費の配賦を行うための基礎となります。したがって，製造間接費の発生を忠実に表す指標（忠実性）であって，経済的に入手が可能・容易な指標（経済性）でなければなりません（第2章第2節④(2)参照）。一般的には，直接作業時間，機械稼働時間などが候補として挙げられます。

② 間接費予算の設定

間接費予算は，一般的に各部門で発生すると見込まれる額を設定します。部門別間接費予算の設定方法は，操業度に応じて金額をスライドさせる「変動予算」と，操業度が変動しても金額を動かさない「固定予算」に大別されます。標準原価計算の大きな目的は原価管理なので，間接費予算額があまり重要でない場合や操業水準が基準操業度前後で安定している場合などを除き，原価管理に有用な変動予算を採用したほうがよいでしょう（第2章第2節④(9)参照）。

2 標準原価の計算

標準原価計算では，原価標準と原価計算期間の製造数量に基づいて，完成品標準原価と月末仕掛品原価を計算します。ここからは，**図表4-4**の事例に基づいて説明します。

当月完成品の標準原価，当月標準原価および月初仕掛品・月末仕掛品の標準原価を算定してみましょう。

当月完成品の標準原価は，原価標準に当月完成品個数を乗じることにより，極めて単純に算定することができます。

図表4-4　標準原価の計算事例

① 標準原価カードは次のとおりである。

	価格標準		物量標準		原価標準
直接材料費：	@50円	×	12kg	=	600円
直接労務費：	@60円	×	4時間	=	240円
製造間接費：	@40円	×	4時間	=	160円
合計（原価標準）：					1,000円

② 製造数量データは次のとおりである。

月初仕掛品　500個（80%）
当月投入量　2,500個
　計　　　　3,000個
月末仕掛品　400個（50%）
当月完成品　2,600個

注１：材料はすべて工程の始点で投入される。
注２：（　）内は加工進捗度を表す。

③ 当月の実績データ
直接材料費：実際価格は@52円，実際消費量は30,500kgであった。
直接労務費：実際賃率は@58円，実際作業時間は9,800時間であった。
製造間接費：実際発生額は398,000円であった。

当月完成品の標準原価＝原価標準×当月完成品数量
　　　　　　　　　　＝1,000円×2,600個　＝2,600,000円

　次に，当月標準原価および月初仕掛品・月末仕掛品の標準原価を算定します。この際，加工費（直接労務費，製造間接費）については，加工進捗度を考慮して完成品換算量を用いて計算しなければなりません。②のデータを用い，**図表4-5**のように仕掛品の数量ボックスを作成します。

図表4-5　仕掛品の数量ボックス

仕掛品

月初仕掛品	500個 (400個)	当月完成品	2,600個 (2,600個)
当月投入量	2,500個 (2,400個)	月末仕掛品	400個 (200個)

かっこ内は加工換算量であり、仕掛品数量×加工進捗度により求める。
- 月初換算量＝500個×80％＝400個
- 月末換算量＝400個×50％＝200個

この数量データに従い、次のように、各原価要素別に金額集計して、各々を算定します（**図表4-6, 4-7参照**）。

図表4-6　原価要素別の標準原価

		直接材料費	直接労務費	製造間接費	合計
	原価標準 A	600円	240円	160円	1,000円
月初仕掛品	数量(加工換算量) B	500個	(400個)	(400個)	460,000円
	標準原価 A×B	300,000円	96,000円	64,000円	
当月標準 原価	数量(加工換算量) C	2,500個	(2,400個)	(2,400個)	2,460,000円
	標準原価 A×C	1,500,000円	576,000円	384,000円	
完成品標準 原価	数量 D	2,600個	2,600個	2,600個	2,600,000円
	標準原価 A×D	1,560,000円	624,000円	416,000円	
月末仕掛品	数量(加工換算量) E	400個	(200個)	(200個)	320,000円
	標準原価 A×E	240,000円	48,000円	32,000円	

図表4-7 原価要素別の標準原価ボックス

仕掛品（直接材料費）

月初 500個×@600円 300,000円	完成 2,600個×@600円 1,560,000円
当月 2,500個×@600円 1,500,000円	月末 400個×@600円 240,000円

仕掛品（直接労務費）

月初 (400個)×@240円 96,000円	完成 2,600個×@240円 624,000円
当月 (2,400個)×@240円 576,000円	月末 (200個)×@240円 48,000円

仕掛品（製造間接費）

月初 (400個)×@160円 64,000円	完成 2,600個×@160円 416,000円
当月 (2,400個)×@160円 384,000円	月末 (200個)×@160円 32,000円

仕掛品（全原価要素）

月初 460,000円	完成 2,600,000円
当月 2,460,000円	月末 320,000円

当月標準原価
　＝1,500,000円（直接材料費）＋576,000円（直接労務費）＋384,000円（製造間接費）
　＝2,460,000円

月初仕掛品
　＝300,000円（直接材料費）＋96,000円（直接労務費）＋64,000円（製造間接費）
　＝460,000円

月末仕掛品
　＝240,000円（直接材料費）＋48,000円（直接労務費）＋32,000円（製造間接費）
　＝320,000円

なお，完成品は加工進捗度100％であるため，完成品換算しても数量は変わりません。ためしに完成品の標準原価を各原価要素別に集計してみると，

1,560,000円（直接材料費）＋ 624,000円（直接労務費）＋ 416,000円（製造間接費）
　＝2,600,000円

です。当然ながら，先ほど計算した，当月完成品の標準原価の計算結果（1,000円×2,600個＝2,600,000円）と一致していることが確認できます。

3 実際原価計算の実施

続いて，当期の実際原価を計算します。図表4－4の③のデータより，当期の原価要素別の発生額は次のとおりとなります。

直接材料費：＠52円×30,500kg＝1,586,000円
直接労務費：＠58円×9,800時間＝568,400円
製造間接費：398,000円
合計：2,552,400円

4 原価差異の把握・分析

標準原価と実際原価の計算が終わりました。続いて原価差異を把握し分析を行います。

(1) 原価差異の把握

標準原価差異は，標準原価と実際原価との間に生じる差額をいい，次の計算式によって算定します。

> 標準原価差異 ＝ 期間標準原価 － 期間実際原価

標準原価差異は「標準原価－実際原価」で計算します。この引き算の順序を間違えないようにしてください。目標値に対してどれだけ実績値が有利な結果（目標値＞実績値）または不利な結果（目標値＜実績値）だったかを表せるようにします。差異の値がプラスのものを「有利差異」といい，差異の値がマイナスのものを「不利差異」といいます。

「原価差異＝標準－実際」のルールは，原価要素ごとの差異分析においても同様ですので，よく覚えておいてください。

具体的には，原価要素（直接材料費，直接労務費，製造間接費）の別に，**図表4-8**のように把握されます。

図表4-8 標準原価差異

	当月標準原価 ①	当月実際原価 ②	標準原価差異 ①－②	有利 or 不利
直接材料費	1,500,000円	1,586,000円	△86,000円	不利
直接労務費	576,000円	568,400円	7,600円	有利
製造間接費	384,000円	398,000円	△14,000円	不利
合計	2,460,000円	2,552,400円	△92,400円	不利

(2) 原価差異の分析

原価要素別に標準原価差異を算定することができました。さらに，今度はこの差異の分析を行います。原価差異の分析は何のために行うのでしょうか。これについては，原価計算基準において次のように表現されています。

> その目的は，原価差異を<u>財務会計上適正に処理して製品原価および損益を確定</u>するとともに，その分析結果を各階層の経営管理者に提供することによって，<u>原価の管理</u>に資することにある。

つまり，以下の2つの目的のために，差異分析を行うのです。

- 財務諸表作成目的：⑤で後述するとおり，標準原価差異がどのような原因によって生じたのかによって会計処理が異なるため，標準原価差異の分析が必要となる。
- 原価管理目的：差異発生の具体的原因は何か，能率の良否はどうだったか，それに対する責任者は誰か，などを明確にすることで，原価の改善策を講じることができるようになる。

なお，標準原価差異は，原価要素別に，それぞれ直接材料費差異・直接労務費差異・製造間接費差異の別に実施します。

(3) 直接材料費差異の分析

直接材料費差異は，標準直接材料費から実際直接材料費を差し引いて求めます。この直接材料費差異は，次のとおり，価格差異と数量差異とに分解することができます。

> 価格差異 ＝ （標準価格－実際価格）× 実際消費量

価格差異は，材料価格が目標値に対して，実際はどのくらいだったかを表す差異です。この差異は，多くの場合，材料価格の相場などの会社にとって<u>管理不能</u>な外部要因によって生じます。

> 数量差異 ＝ 標準価格 ×（標準消費量－実際消費量）

数量差異は，材料消費量が目標値に対して，実際はどのくらいだったかを表す差異です。この差異は，多くの場合，材料の消費能率の良否などの会社にとって<u>管理可能</u>な内部要因によって生じます。

図表4-9 直接材料費差異の特徴

	管理可能な原因	管理不能な原因
価格差異	・購買先の選定が不適当（購買部門の責任）	・市況変化による価格変動 ・標準価格の設定誤り
数量差異	・作業員の不能率 ・製造工程の不能率 ・製造機械の不良	・標準数量の設定誤り ・製品仕様の設計誤り

　原価管理目的の側面からは，管理可能な要素が強い「数量差異」がより重要といえます。つまり，標準価格の設定が適正であったとすれば，標準額と実際額との差額は，主に製造現場の能率性によって左右されるものと考えられ，「数量差異」は現場作業者が責任を負うべき差異と考えられるからです。一般的に想定される「数量差異」の発生原因としては，作業員の能率の低下，製造工程の不能率，製造機械の不良などの管理可能な原因や，標準数量の設定誤り，製品仕様の設計誤りなどの管理不能な原因が考えられます。差異原因を特定し，不能率が発見されれば，改善につなげる活動を繰り返すことで原価低減を導くことができます。

　一方，「価格差異」において，一般的に想定される発生原因としては，主として市況変化や標準価格の設定誤りなどの管理不能なものが考えられます。そのため，原価管理の観点からは，価格差異は外的要因に左右される不可避的なものとしての性質が強いといえます。しかし，購買先の選定が不適当な場合なども差異原因として考えられることから，このような場合は，製造現場の責任ではないものの，購買部門などが管理すべき差異と考えられます。

　なお，直接材料費差異と価格差異・数量差異の関係を図示したものが**図表4-10**です。ここで，標準価格・実際価格・標準数量・実際数量の4点で囲われる部分（図表右上ボックス部分）を価格差異とみるか，数量差異とみるかという問題があります。管理可能差異である「数量差異」から価格変動の影響を排除し，純粋に消費能率の良否を表すため，通常は当該部分を「価格差異」に含めます（両者から切り離して，単独で「混合差異」という場合もあります）。

図表4-10 直接材料費差異と価格差異・数量差異の関係

```
実際価格：
  52円  ┌─────────────────────────────────────────────┐
        │ 価格差異                                      │
標準価格：│ （@50円－@52円）×30,500kg＝△61,000円         │
  50円  ├──────────────────────┬──────────────────────┤
        │ 標準直接材料費         │ 数量差異              │
        │ @50円×30,000kg        │ @50円×(30,000kg－30,500kg)│
        │ ＝1,500,000円         │ ＝△25,000円          │
        └──────────────────────┴──────────────────────┘
                              標準消費量：        実際数量：
                              30,000kg          30,500kg
```

                              ┌─ 価格差異：△61,000円（不利差異）
直接材料費差異：△86,000円 ─┤
                              └─ 数量差異：△25,000円（不利差異）

(4) 直接労務費差異の分析

直接労務費差異は，標準直接労務費から実際直接労務費を差し引いて求めます。この直接労務費差異は，次のとおり賃率差異と時間差異に分解することができます。

> 賃率差異 ＝ （標準賃率－実際賃率）× 実際時間

賃率差異は，賃率が目標値に対して，実際はどのくらいだったかを表す差異です。この差異は，多くの場合，賃率水準相場や賃金制度などの会社にとって管理不能な外部要因によって生じます。

> 時間差異 ＝ 標準賃率×（標準時間－実際時間）

時間差異は，作業時間が目標値に対して，実際はどのくらいだったかを表す差異です。この差異は，多くの場合，作業能率の良否などの会社にとって<u>管理可能</u>な内部要因によって生じます。

図表4-11 直接労務差異の特徴

	管理可能な原因	管理不能な原因
賃率差異	・想定以上の時間外労働	・賃率水準相場の変動 ・労使交渉や労働法改定による賃金水準の変動
時間差異	・現場の指揮命令の不徹底 ・工員の勤怠や習熟不足 ・工員による作業ミス	・標準時間の設定誤り ・製品仕様の設計誤り

　原価管理目的の側面からは，管理可能な要素が強い「時間差異」がより重要といえます。つまり，標準賃率の設定が適正であったとすれば，実際額との差額は，主に製造現場の能率性によって左右されるものと考えられ，「時間差異」は現場作業者が責任を負うべき差異と考えられるからです。一般的に想定される「時間差異」の発生原因としては，現場の指揮命令の徹底度合い，工員の勤怠や習熟度，工員による作業ミスなどの管理可能な原因や，標準時間の設定誤り，製品仕様の設計誤りなどの管理不能な原因が考えられます。差異原因を特定し，不能率の有無を把握することが重要です。

　一方，「賃率差異」はどうでしょうか。一般的に想定される発生原因としては，主として賃率水準相場の変動，労使交渉や労働法改正による賃金水準の変動などの管理不能な原因が考えられます。そのため，原価管理の観点からは，賃率差異は外的要因に左右される不可避的なものとしての性質が強いといえます。しかし，想定以上に時間外労働が発生して手当含みの実際賃率が上がってしまった場合など，管理可能な差異も考えられるため，留意が必要です。

　なお，直接労務費差異と賃率差異・時間差異の関係を図示したものが**図表4-12**です。

図表4-12　直接労務費差異と賃率差異・時間差異の関係

```
実際賃率：
   58円   ┌─────────────────────────────────────────────┐
          │ 賃率差異                                     │
標準賃率： │ (@60円－@58円)×9,800時間＝19,600円           │
   60円   ├──────────────────────────┬──────────────────┤
          │ 標準直接労務費            │ 時間差異          │
          │ @60円×9,600時間＝576,000円│ @60円×(9,600kg－9,800kg)│
          │                          │ ＝△12,000円       │
          └──────────────────────────┴──────────────────┘
                                標準時間：        実際時間：
                                9,600時間         9,800時間
```

```
                      ┌─ 賃率差異：19,600円（有利差異）
直接労務費差異：76,000円 ┤
                      └─ 時間差異：△12,000円（不利差異）
```

(5) 製造間接費差異の分析

　これまでは製造間接費の標準配賦率を所与の@40円としていましたが，ここで次の条件を加えます。予算設定方法として，固定予算と変動予算があるのは前述のとおりですが，ここでは原価管理に有用な変動予算を採用しているものとします。

> 製造間接費は直接作業時間を基準として製品に配賦しており，変動予算を設定している。なお，変動費率は@15円，固定費率は@25円（基準操業度：10,000時間，固定費予算額：250,000円）とする。

　製造間接費差異は，標準製造間接費から実際製造間接費を差し引いて求めます。製造間接費は，製品の製造に直接結び付けることが困難な原価であり，多くの場合，比較的多くの固定費を含みます。このため，直接材料費差異や直接労務費差異のように，価格面と数量面に差異を分解することができません。そこで，次のとおり，予算差異・操業度差異・能率差異に分解して分析を行いま

す。能率差異はさらに，変動費能率差異と固定費能率差異に分解することができます。

> 予算差異 ＝ 予算許容額（※）－ 実際発生額
> 　（※）予算許容額 ＝ 固定予算額 ＋ 変動費率 × 実際操業度

　予算差異は，実際操業度のもと，実際発生額が予算許容額をどれだけ上回ったかを表す差異です。この差異は，経費の浪費など，主に会社にとって管理可能な内部要因によって生じます。

> 操業度差異 ＝ （実際操業度 － 基準操業度）× 固定費率

　操業度差異は，基準操業度に対する実際操業度水準の高低による固定製造間接費配賦額の過不足を表す差異です。この差異は，景気動向によって操業度が変わることで影響を受けるなど，主に会社にとって管理不能な外部要因によって生じます。

> 能率差異 ＝ （標準操業度 － 実際操業度）× 標準配賦率（※）
> 　（※）標準配賦率 ＝ 変動費率 ＋ 固定費率

> 変動費能率差異 ＝ （標準操業度 － 実際操業度）× 変動費率
> 固定費能率差異 ＝ （標準操業度 － 実際操業度）× 固定費率

　能率差異は，実際操業度が目標値に対して，実際はどのくらいだったかを表す差異です。この能率差異はさらに，変動費部分から生じる「変動費能率差異」と固定費部分から生じる「固定費能率差異」に分けることができます。
　変動費能率差異は，直接労務費差異における時間差異に相当する差異であり，作業能率の良否など，主に会社にとって管理可能な内部要因によって生じます。一方，固定費能率差異は，操業度水準の高低による固定製造間接費配賦額の過不足を表しますので，操業度の良し悪しで削れる費用ではありません。した

がって，管理不能なものです。

図表4-13 製造間接費差異の特徴

差異の種類	管理可能性	管理可能な要素	管理不能な要素
予算差異	管理可能なものが多い	・消耗品や電力料の無駄遣い	・消耗品単価市況や電力料の値上げ
変動費能率差異		・現場の指揮命令の不徹底 ・工員の勤怠や習熟不足 ・工員による作業ミス	・標準時間の設定誤り ・製品仕様の設計誤り
固定費能率差異	管理可能なものは少ない	―	・景気悪化による需要減 ・営業部門の不振 ・過剰な設備投資
操業度差異			

　なお，管理可能な予算差異と変動費能率差異を合わせて「管理可能差異」と，管理不能な固定費能率差異と操業度差異を合わせて「管理不能差異」ということがあります。
　原価管理目的の観点から，これらの標準原価差異は以下のように検討します。
　まず，「予算差異」は，実際操業度における予算と実績の差異です。この情報は，結果として予算額を上回ったか，下回ったかを提供するのみで，どのような原因でそのような結果になったかまではわかりません。一般的に想定される「予算差異」の原因は，消耗品や電力料の無駄遣いなど管理可能なものが多いと考えられますが，消耗品単価市況や電力料の値上げなど，管理不能な要素も含まれることから，どのような原因によって生じたものなのかを分析することが重要です。
　また，「変動費能率差異」は，標準操業度と実際操業度との差異によって追加的に必要とされた変動費を意味します。この差異は，現場の指揮命令の徹底度合い，工員の勤怠や工員の習熟度，製造機械の不具合などを原因として生じ

るものです。直接労務費差異における時間差異と同様，製造間接費の配賦基準に用いられている操業度を管轄する部署の能率向上に役立てることができます。

「固定費能率差異」と「操業度差異」，すなわち管理不能差異は，予算どおりに操業を行わなかったことによって発生する，固定費の未配賦額を意味します。これは，予算どおりに操業するまでの受注をとれなかった営業部門に原因があるのかもしれませんし，そもそも景気予測に失敗して，誤った予算設定や過剰な設備投資を行ってしまった経営陣に原因があるのかもしれません。多くの場合は，製造部門が単独で解決できない原因であることが多いと考えられます。いずれにしろ，製造現場の原価管理という観点では，操業度差異をそのまま役立てることは難しいと考えられます。しかし，会社経営上は，なぜ予算どおりに稼働ができなかったのかを分析することは大変有益です。したがって，実務上は差異の原因は必ず突き止め，改善策を講じることが重要となります。

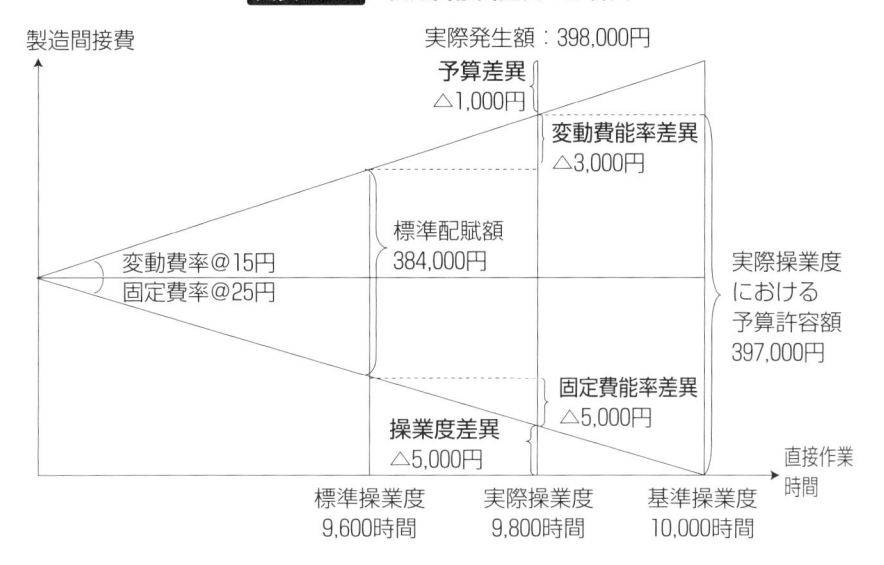

図表4-14　製造間接費差異の分析図

```
製造間接費                実際発生額：398,000円
                         予算差異
                         △1,000円
                                    変動費能率差異
                                    △3,000円
                         標準配賦額
                         384,000円                実際操業度
      変動費率@15円                                における
      固定費率@25円                                予算許容額
                                                  397,000円
                                    固定費能率差異
                                    △5,000円
                         操業度差異
                         △5,000円                          直接作業
                                                           時間
              標準操業度    実際操業度   基準操業度
              9,600時間    9,800時間   10,000時間
```

(6) 原価管理目的と製造間接費差異分析

　上述したとおり，標準原価計算には原価管理という大きな目的があります。原価要素別に考えると，この原価管理の主役となるのは，直接材料費や直接労務費です。つまり，直接材料費については，数量差異分析を行うことで無駄な材料消費量を減らしていくことができます。直接労務費については，時間差異分析を行うことで無駄な作業時間を減らすことができます。

　一方，製造間接費については，差異分析を行ったところで直接的に原価管理に役立つことはありません。これは製造間接費がそもそも，製品の製造に対して間接的に貢献するさまざまな原価要素の集合体であり，直接的な分析が困難だからです。原価管理に役立てるためには，さらに原価要素別に掘り下げていく必要があります。

5　原価差異の会計処理

　続いて標準原価から実際原価を差し引くことで計算される「標準原価差異」をどのように処理するのかについて説明します。具体的処理方法に入る前に，標準原価の勘定記入法について触れます。これは，標準原価差異がどのようなタイミングでどのように認識されるかは，標準原価をどのように勘定記入するかによって異なるからです。

(1) 標準原価の勘定記入法

　実際原価計算を行う場合の勘定記入は，最初から最後まで実際原価によって行います。一方，標準原価計算を行う場合の勘定記入は，途中から標準原価により行うことになります。どの段階から標準原価を取り入れるかによって，原価差異が認識されるタイミングが変わってきます。

　具体的には，次のような勘定記入法があります。それぞれの特徴を会社の実情に照らし，最も適切な勘定記入法を選択します。

① シングルプラン

　仕掛品勘定における，期首仕掛品・期末仕掛品・完成品原価・当期投入額の<u>すべてを標準原価</u>で記入する方法です。仕掛品勘定のすべてを標準原価で記帳することから，単記法と呼ばれることもあります。この方法には次のような特徴があります。

- <u>標準原価差異は，各原価要素（材料費，労務費，製造間接費）の勘定において認識される。</u>
- 標準原価差異が仕掛品勘定に記帳する前に識別されるため，早期の分析が可能となる。
- 製造工程に投入する段階で標準原価を算定して記帳する必要があるため，計算事務が煩雑となる。

② パーシャルプラン

　仕掛品勘定における，期首仕掛品・期末仕掛品・完成品原価・当期投入額のうち，<u>当期投入額を実際原価</u>で記入する方法です。仕掛品勘定のうち当期投入額だけは実際原価で記帳することから，分記法と呼ばれることもあります。この方法には次のような特徴があります。

- <u>標準原価差異は，仕掛品勘定において一括して認識される。</u>
- 仕掛品勘定の当期投入額を実際原価で記帳するため，一定期間終了後にならないと仕掛品勘定を記帳できない一方で，大量生産型の製造業など，一定期間のデータがまとめて提供されるような場合になじむ方法である。

第4章 標準原価計算　189

図表4-15　標準原価の勘定記入法

【シングルプラン】

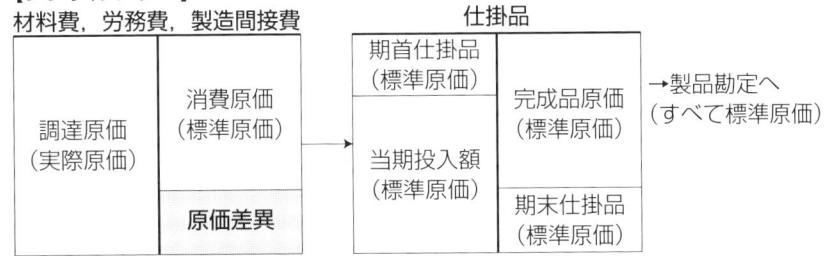

材料費, 労務費, 製造間接費

| 調達原価 (実際原価) | 消費原価 (標準原価) |
| | 原価差異 |

仕掛品

| 期首仕掛品 (標準原価) | 完成品原価 (標準原価) |
| 当期投入額 (標準原価) | 期末仕掛品 (標準原価) |

→製品勘定へ (すべて標準原価)

仕掛品勘定：すべて標準原価で記入
標準原価差異：各原価要素勘定で認識

【パーシャルプラン】

材料費, 労務費, 製造間接費

| 調達原価 (実際原価) | 消費原価 (実際原価) |

仕掛品

期首仕掛品 (標準原価)	完成品原価 (標準原価)
当期投入額 (実際原価)	原価差異
	期末仕掛品 (標準原価)

→製品勘定へ (すべて標準原価)

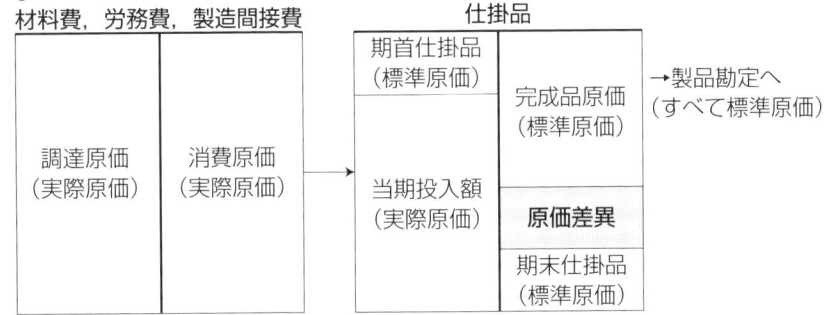

仕掛品勘定：当期投入額のみ実際原価で記入
標準原価差異：仕掛品勘定で一括的に認識

【修正パーシャルプラン】

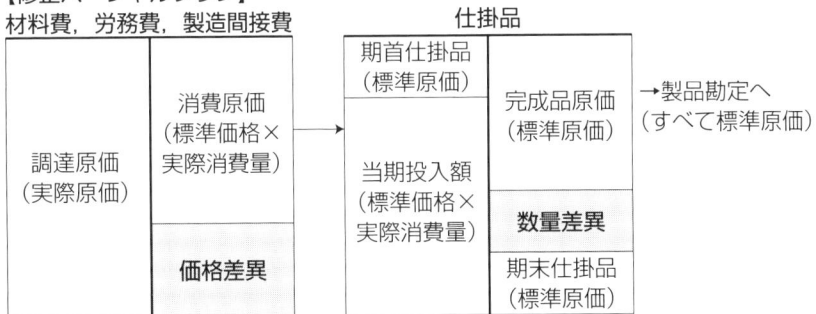

材料費, 労務費, 製造間接費

| 調達原価 (実際原価) | 消費原価 (標準価格× 実際消費量) |
| | 価格差異 |

仕掛品

期首仕掛品 (標準原価)	完成品原価 (標準原価)
当期投入額 (標準価格× 実際消費量)	数量差異
	期末仕掛品 (標準原価)

→製品勘定へ (すべて標準原価)

仕掛品勘定：当期投入額のみ標準価格×実際消費量で記入
標準原価差異：価格差異は各原価要素勘定で認識，数量差異は仕掛品勘定で認識

③ 修正パーシャルプラン

　仕掛品勘定における，期首仕掛品・期末仕掛品・完成品原価・当期投入額のうち，<u>当期投入額を「標準価格×実際消費量」</u>で記入する方法です。この方法には次のような特徴があります。

- 標準原価差異のうち，<u>価格差異は各原価要素（材料費，労務費，製造間接費）の勘定ごとに認識</u>され，<u>数量差異は仕掛品勘定において</u>認識される。
- 仕掛品勘定において識別される標準原価差異は数量差異のみであり，製造現場で管理不能な価格差異を排除することができるため，原価管理に有用である。

(2) 具体的な処理方法

① 概　要

　多くの会社では月次決算が行われており，原価差異の分析・報告も月次ベースで行われています。さらに，会計年度末においては，外部報告用の決算書を作成する必要があります。標準原価計算によって製品原価を計算している場合，通常，実際原価との間に標準原価差異が生じています。外部報告用の決算書を作成する際，この標準原価差異を放置することはできず，適切に処理しなければならないこととされています。なお，具体的な会計処理方法は，原価計算基準に規定されています。簡単に以下にまとめてみたいと思います。

　まず，通常の標準原価差異は原則として，その全額を**売上原価**に賦課します。次に，標準価格などが不適当だったため比較的多額の原価差異が生じた場合は，当年度の**売上原価**と**期末棚卸資産**に配賦します。また，数量差異，時間差異，能率差異等で異常な状態に基づくものと認められる場合は，**非原価項目**とします。

【標準原価差異の会計処理】

- 通常の原価差異（原則）➡ **売上原価**に賦課
- 比較的多額の原価差異 ➡ **売上原価**と**期末棚卸資産**に配賦
- 異常な状態の原価差異 ➡ **非原価項目**

② 法人税法上の規定

なお，法人税法上は，原価差異を売上原価と期末棚卸資産に配賦する方法が原則であり，少額の原価差異（総製造費用のおおむね1％以内のもの）に限り，全額を売上原価に賦課できることとされています。

したがって，会計処理上，通常の原価差異と判断し，売上原価に賦課した場合であっても，当該原価差異が総製造費用のおおむね1％を超える場合であって，当該差異が不利差異（実際原価＞標準原価）である場合においては，すべてを売上原価のみに上乗せすることは認められず，法人税申告時に調整計算が必要となります。つまり，原価差異が多額の場合は，期末棚卸資産に配賦すべき原価差異を計算し，売上原価を減額するような（課税所得を増額するような）申告調整を行うこととなります。これは，過大な費用を計上し，課税回避を行うことを防止する趣旨です。

なお，期末棚卸資産への配賦額の計算は，材料から仕掛品，仕掛品から製品といった段階的な調整方法（ころがし計算といいます）を行うのが理論的と考えられます。すなわち，材料勘定における原価差異は材料消費高と期末材料に配賦し，仕掛品勘定における原価差異は完成品原価と期末仕掛品に配賦し，製品勘定における原価差異は売上原価と期末製品に配賦する，というように段階的に調整していくのです。しかし，この調整は非常に計算が煩雑になるため，税法上，簡便的に，次のような算式によって求めた額を期末棚卸資産へ配賦することが認められています。実務上，ほとんどの場合は，簡便法が用いられます。

> 期末棚卸資産配賦額 ＝ 原価差異 × 期末棚卸資産 ÷ （売上原価 ＋ 期末棚卸資産）

(3) 設例による会計処理

では次の設例を用いて，具体的な会計処理の方法を確認してみましょう。

設例4-1　原価差異の会計処理

■前提条件
① 決算整理前の試算表上の金額は次のとおりであった。
- 売上原価：700,000円
- 製品：200,000円
- 仕掛品：100,000円
- 標準原価差異：100,000円

② 各科目の原価要素別の内訳は次のとおりだった。

	直接材料費	直接労務費	製造間接費	合計
売上原価	400,000円	200,000円	100,000円	700,000円
製品	120,000円	60,000円	20,000円	200,000円
仕掛品	60,000円	20,000円	20,000円	100,000円
標準原価差異	50,000円	30,000円	20,000円	100,000円

標準原価差異は，「通常のもの：売上原価へ賦課」，「比較的多額に発生したもの：売上原価・棚卸資産に配賦」，「異常な状態に基づき発生したもの：非原価項目」と，要因別に処理が異なります。したがって，まずは，標準原価差異100,000円がどのような要因によって生じたものなのかを分析する必要があります。ただし，ここでは，会計処理方法のみを確認するため，要因を所与とします。

① 売上原価へ賦課する場合（通常の差異）

標準原価差異100,000円は，すべて売上原価へ賦課します。

図表4-16 通常の原価差異

勘定科目	決算整理前	決算整理	決算整理後
売上原価	700,000円	100,000円	800,000円
製品	200,000円	−	200,000円
仕掛品	100,000円	−	100,000円
標準原価差異	100,000円	△100,000円	−

② 売上原価と棚卸資産に配賦する場合（比較的多額に発生した差異）

標準原価差異を総額ベースで配賦する方法と，原価要素別に配賦する方法があります。

a. 総額ベースで配賦する方法

総額としての標準原価差異100,000円を売上原価と棚卸資産（製品・仕掛品）に配賦します。具体的には次のように計算します。

各勘定科目への配賦率：

100,000円（標準原価差異）÷（700,000円＋200,000円＋100,000円）（勘定科目合計）＝0.1

売上原価への配賦額：

700,000円（売上原価）×0.1（配賦率）＝70,000円

製品への配賦額：

200,000円（製品）×0.1（配賦率）＝20,000円

仕掛品への配賦額：

100,000円（仕掛品）×0.1（配賦率）＝10,000円

図表4-17 比較的多額の原価差異（総額配賦）

勘定科目	決算整理前	決算整理	決算整理後
売上原価	700,000円	70,000円	770,000円
製品	200,000円	20,000円	220,000円
仕掛品	100,000円	10,000円	110,000円
標準原価差異	100,000円	△100,000円	−

b. 原価要素別に配賦する場合

標準原価差異100,000円を，原価要素別に（直接材料費差異・直接労務費差異・製造間接費差異の別に），売上原価と棚卸資産（製品・仕掛品）に配賦します。具体的には次のように計算します。

【直接材料費差異】

各勘定科目への配賦率：

50,000円（直接材料費差異）÷（400,000円＋120,000円＋60,000円）（勘定科目に含まれる材料費合計）＝0.08621

売上原価への配賦額：

400,000円（売上原価に含まれる材料費）×0.08621（配賦率）＝34,482円

製品への配賦額：

120,000円（製品に含まれる材料費）×0.08621（配賦率）＝10,345円

仕掛品への配賦額：

60,000円（仕掛品に含まれる材料費）×0.08621（配賦率）＝5,173円

同様に計算すると，

【直接労務費差異】

売上原価への配賦額：21,429円

製品への配賦額：6,428円

仕掛品への配賦額：2,143円

【製造間接費差異】

売上原価への配賦額：14,286円

製品への配賦額：2,857円

仕掛品への配賦額：2,857円

となります。

図表4-18 比較的多額の原価差異（原価要素別配賦）

勘定科目	決算整理前	決算整理	決算整理後
売上原価	700,000円	70,197円	770,197円
製品	200,000円	19,630円	219,630円
仕掛品	100,000円	10,173円	110,173円
標準原価差異	100,000円	△100,000円	－

③ 非原価項目とする場合（異常な状態に基づき発生した差異）

標準原価差異100,000円は，売上原価などには配賦せず，営業外損益または特別損益にその内容を表す勘定科目で表示します。

図表4-19 異常な状態の原価差異

勘定科目	決算整理前	決算整理	決算整理後
売上原価	700,000円	－	700,000円
製品	200,000円	－	200,000円
仕掛品	100,000円	－	100,000円
営業外費用	－	100,000円	100,000円
標準原価差異	100,000円	△100,000円	－

第3節　ABCの考え方

　標準原価計算は，原価管理において，これまで一定の役割を担ってきました。しかし，標準原価計算の原価管理への貢献は，企業を取り巻く経営環境の変化により，その重要性が低下してきているといわれています。それは，標準原価計算を含む，いわゆる伝統的な原価計算は，手作業中心の少品種大量生産時代に開発されたものだからです。当時の製品原価の構成要素は，手作業中心ですから，直接労務費が大きな割合を占めていました。また，原価管理の観点でも，大量生産型の原価管理ですから，直接作業員の直接作業時間をいかに減らすか

が焦点でした。

　一方，現代の経営環境においては，FA（Factory Automation）化，すなわち，コンピュータ制御された生産の自動化が進展し，従来は人手で行っていた作業が，機械によって代替されることが多くなりました。また，現代の消費者ニーズの多様化や，それに応じるだけの企業の技術力の躍進を背景に，従来の少品種大量生産から多品種少量生産へのシフトが起きています。この結果，原価計算における直接労務費や直接作業時間の重要性が低下し，これらに代わり，設備に関わる固定費や品質管理コストなどを中心に，製造間接費の種類が増えるとともに，金額的重要性も高まっています。

　前節でも述べたとおり，標準原価計算は直接材料費や直接労務費の管理には大きく貢献しますが，製造間接費の管理にはあまり向きません。そこで製造間接費の管理を効果的に行うための手法として，ABCなどの新しい原価計算が考案されました。

1　伝統的原価計算の問題点とABCの必要性

　これまでみてきたように，伝統的な原価計算においては，製造間接費は，まず部門別に「一括して」集計し，操業度（機械稼働時間や直接作業時間など）に基づく配賦基準値に応じて製品に配賦されます。これら操業度関連の配賦基準値は，生産数量が増えれば増えるほど増加するので，必然的に操業度の大きい製品が多くの製造間接費を負担することになります。しかし，製造間接費は操業度に応じて発生するものばかりではありません。特に多品種少量型の生産の重要性が高まっている近年において，製造間接費の中で製品企画コストや在庫・品質管理のコストなどの重要性が高まっていますが，これらのコストは必ずしも操業度に応じて発生するコストではありません。

　例えば，大量生産を行う規格化された製品Aと，少量生産を行う特別仕様の製品Bとがあったとします。製造間接費を，操業度（機械稼働時間など）を基準に配賦するのであれば，その配賦額は圧倒的に「製品A ＞ 製品B」となり

ます。しかし，製造間接費の中で重要性を増している，製品企画や品質管理コストなどはむしろ特別仕様の製品Bのほうにより多く貢献しており，それだけ多く負担すべきといえます。このような環境下において，無理に操業度に応じて製造間接費を配賦すると，製品Aの原価が不当に上昇することとなり，ときに，本来採算がプラスで継続すべき製品を，不採算と判断して撤退してしまうといった，誤った意思決定を招く可能性さえあります。

　そこで，当該状況に対応すべくABCの考え方が考案されました。ABCは"Activity-Based Costing"の略で，日本語では活動基準原価計算と訳されます。この考え方は，まず製造間接費がどのような活動（Activity）によって発生したものなのかを考え，活動を単位に製造間接費を集計します。次に，活動に集計されたコストは，その活動を代表する尺度を基準に製品に割り当てられます。製造間接費の発生源泉に応じて，製品へ割り当てることができる点に新しさがあります。

　例えば，段取作業にかかる労務費は，一般に段取作業の実施回数に応じて発生するものと考えられます。にもかかわらず，伝統的な原価計算においては，他の製造間接費と一括して部門別の集計が行われ，その発生と必ずしも因果関係のない操業度（直接作業時間，機械稼働時間など）を基準に製品へ配賦が行われました。

　これに対し，ABCにおいては，まず段取活動にかかるコストとして活動別の集計を行い，活動の消費量を表す指標（段取作業の実施回数）に応じて製品へ配賦を行います。この結果，原価の発生と因果関係のない基準で製品への配賦を行っていたものを，原価の発生と密接に関連する指標に基づいて製品への配賦を行うことができるようになり，より経済的実態に近い製造原価を計算することが可能となりました。

図表4-20 伝統的原価計算とABC①

	伝統的原価計算	ABC
想定する生産体制	手作業，少品種大量生産	FA化，多品種少量生産
重要な原価要素	直接材料費や直接労務費	多様な製造間接費
製造間接費の集計単位	部門	活動
製品への配賦	操業度（直接作業時間，機械稼働時間など）	活動ドライバー（活動の消費量を表す指標）

図表4-21 伝統的原価計算とABC②

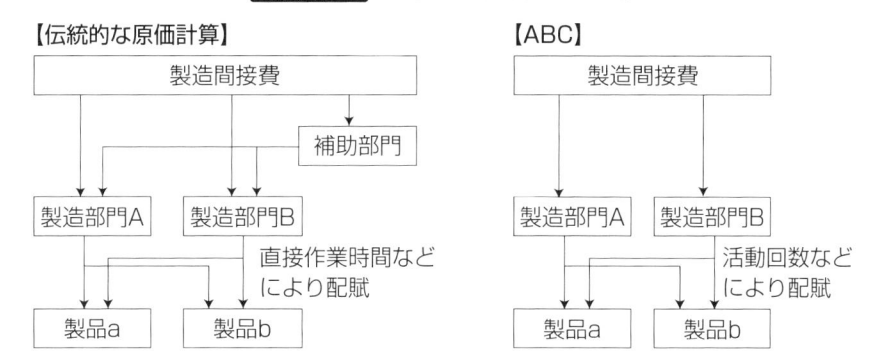

【伝統的な原価計算】

製造間接費 → 補助部門 → 製造部門A，製造部門B → 直接作業時間などにより配賦 → 製品a，製品b

【ABC】

製造間接費 → 製造部門A，製造部門B → 活動回数などにより配賦 → 製品a，製品b

2 具体的な計算方法

　それでは具体的な数値例を用いて，伝統的な原価計算とABCを比較してみましょう。

　製品aについては大量生産型，製品bについては少量生産型をイメージしてください。製品aは大量生産ゆえに，製造に要した機械稼働時間はそれだけ長くなっています。一方で，すでに量産体制が整っていますので，段取活動や品質検査はそれほど要しません。

設例4-2　伝統的な原価計算とABC

■前提条件

① 製造間接費の内訳

製造間接費として，段取活動および品質検査に要したコストが次のとおり発生している。

段取活動コスト	200,000円
品質検査コスト	800,000円
合計	1,000,000円

② 各指標

製品aおよび製品bの製造に要した機械稼働時間，段取活動回数および品質検査回数は次のとおりである。

	製品a	製品b	合計
機械稼働時間	90時間	10時間	100時間
段取活動回数	2回	3回	5回
品質検査回数	2回	8回	10回

③ 計算結果

伝統的な原価計算においては，製造間接費を操業度（機械稼働時間）に基づき配賦し，ABCにおいては，段取活動コストおよび品質検査コストを活動回数（段取活動回数および品質検査回数）に基づき配賦するものとする。

図表4-22　伝統的な原価計算による計算結果

費用	配賦基準	製品a	製品b	合計
製造間接費	機械稼働時間	900,000円	100,000円	1,000,000円

■機械稼働時間1時間当たりの製造間接費　1,000,000円÷100時間＝10,000円/時間
　➡製品Aの製造間接費　10,000円/時間×90時間＝900,000円
　➡製品Bの製造間接費　10,000円/時間×10時間＝100,000円

図表4-23 ABCによる計算結果

費用	配賦基準	製品a	製品b	合計
段取活動コスト	段取活動回数	80,000円	120,000円	200,000円
品質検査コスト	品質検査回数	160,000円	640,000円	800,000円
合計		240,000円	760,000円	1,000,000円

■段取活動1回当たりの段取活動コスト　200,000円÷5回＝40,000円/回
　➡製品aの段取活動コスト　40,000円/回×2回＝80,000円
　➡製品bの段取活動コスト　40,000円/回×3回＝120,000円
■品質検査1回当たりの品質検査コスト　800,000円÷10回＝80,000円/回
　➡製品aの品質検査コスト　80,000円/回×2回＝160,000円
　➡製品bの品質検査コスト　80,000円/回×8回＝640,000円

3 伝統的原価計算とABCの比較

　以上の結果から，どのようなことが読み取れるでしょうか。

　伝統的な原価計算においては，製品aの製造原価（900,000円）が製品bの製造原価（100,000円）を大きく上回っています。これは，製造間接費を機械稼働時間などの，製品の製造数量が多くなればなるほど増加する基準値を用いて配賦を行った結果です。

　一方，ABCにおいてはこれが逆転し，製品bの製造原価（760,000円）が製品aの製造原価（240,000円）を上回る結果となっています。これは，製造間接費の活動要素ごとに，コストの発生と連動する活動回数を用いて配賦を行った結果です。

　製造間接費が段取活動や品質検査にかかるコストであれば，多品種少量生産型の製品bのほうがより多くの手間がかかっているのですから，それに応じた原価を負担すべきです。にもかかわらず，伝統的な原価計算は，操業度に応じて製造間接費を配賦するので，多品種少量生産型の製品のほうが，見かけ上，大きな利益を生むものと錯覚する可能性があるのです。この点，原価の実態を反映した計算結果となるABCのほうが優れているといえます。

しかし，一方で，ABCにおいては計算事務が煩雑になるのがデメリットとなります。伝統的な原価計算においては，製造間接費は一括集計して1つの操業度を基準に配賦するだけですが，ABCにおいては，製造間接費を活動別に分類する必要がありますし，集計した原価を製品に割り当てるために，活動を代表する指標のデータも入手する必要があります。

　したがって実務においては，計算の正確性と事務の煩雑化を比較考量して，ABCの導入の要否を検討する必要があります。設例では，製造間接費が操業度とほぼ無関係なコストによって構成される，極端な前提を置きました。しかし，製造間接費の中には操業度に連動するようなコストも，当然に含まれています。機械減価償却費や修繕費などは機械稼働時間などの操業度に応じて負担すべきコストと考えてよいでしょう。これらの原価要素が製造間接費の大部分を占めているような場合は，ABCを導入しても計算結果に大差がありませんので，活動別の計算を行う意義に乏しいといえます。また，製造間接費の内訳の中で，重要性の高い項目のみをABCで計算し，それ以外は一括配賦するという，折衷的な方法も考えられます。いずれにしても，費用対効果の観点が重要です。

第5章

新しい原価計算の視点

前章まで，原価計算の伝統的な分野について解説してきました。各章の分野は，原価計算を体系付けて理解するためには不可欠な内容であり，各社各様の業態に合わせて原価計算やその企画を実施するうえでなくてはならない知識です。

　一方で，時代の変化により，原価計算を取り巻く環境は変化しつつあります。筆者は，昨今の実務において，原価計算基準制定当時ではあまり意識されなかったキャッシュ・フローを絡めた意思決定の方向性や数値の見方について，企業における応用事例の相談を受けることや，実際に原価企画についての考察をする機会が多くなってきたと感じています。

　また，当時はあまり意識されなかった業績による賞与等がさほど珍しくなくなったことにつれて，企業の獲得した利益の配分や他部門との調整，特に部門を超えた業績の評価の手法のニーズが高まってきたと考えられます。この際，特に間接部門の原価をどのように負担するかは，そのまま負担部門の稼得利益の減少につながる等の理由により，いわゆる部門のコストの付け替えが企業内での論点になるケースも見受けられます。

　本章では，新しい原価計算の視点という題目のもと，各節を，

- キャッシュ・フローの視点による原価計算
- 部門間調整，評価のための原価計算

と題し，その考え方や解決方法の例を示していきたいと思います。

第1節 キャッシュ・フローの視点による原価計算

1 キャッシュ・フローの視点による原価計算のポイントと実施方法

　外部報告目的について解説した際に触れたとおり，原価計算は財務諸表上の金額と直結しています。ただし，ここでいう財務諸表とは（連結）貸借対照表や（連結）損益計算書です。一方で，原価計算の結果と（連結）キャッシュ・フロー計算書とは，（連結）貸借対照表や（連結）損益計算書を通して間接的につながっています。また，キャッシュ・フロー計算書は連結ベースで作成されることが多いため，各社個別で作成する，原価計算の結果である製造原価報告書とのつながりはよりわかりにくいかと考えます。

　このように，会計の開示制度の構造から，外部報告目的の視点ではなかなか単体ベースでの製造原価報告書と，原則として連結ベースで作成するキャッシュ・フロー計算書とを結び付けて検討することはないかもしれません。しかし，ここ数年の間で，経営の意思決定や投資の判断において，キャッシュ・フローは損益に並んで同様に重要視される数値として認識されてきています。その点から，内部使用目的において，キャッシュ・フローを意識した原価計算や原価企画の必要性についても検討されてきているものと考えます。

　このキャッシュ・フローの視点による原価計算でポイントとなるのは「非資金費用」の存在です。非資金費用とは，費用のうち，実際の現金の支出を直接伴わないものを指します。

　非資金費用のうち，原価計算で最も重要で，かつ金額的影響が大きいものは減価償却費です。減価償却は，一度設備投資において購入額を支出した後，設備の使用とそれによって得られる収益とを期間対応させるために，使用期間にわたってその購入額を分割して費用化していく会計処理です。そのため，減価償却費は費用として発生するものの，その大本となる資金の移動はすでに終了

しているため，費用計上と資金の移動（キャッシュ・フロー）との間でギャップが生じることとなります。

図表5-1 連結財務諸表と製造原価報告書の関係

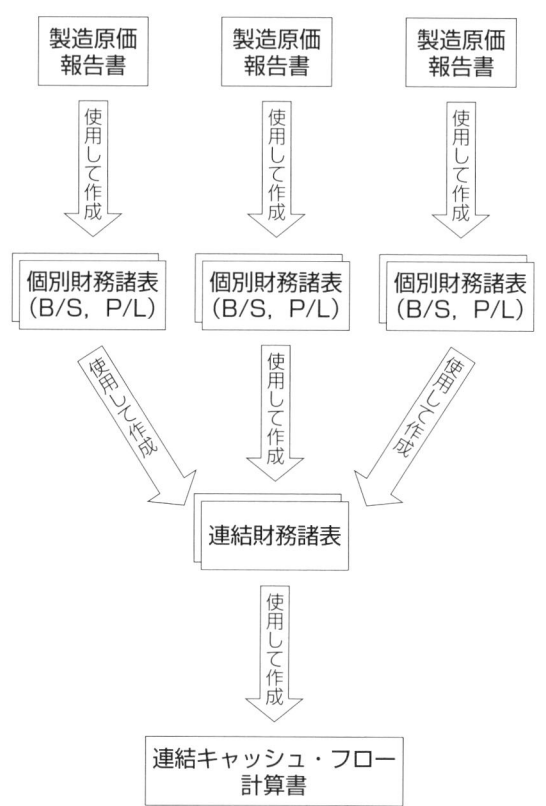

```
製造原価         製造原価         製造原価
報告書           報告書           報告書
  │使用して作成    │使用して作成    │使用して作成
  ▼               ▼               ▼
個別財務諸表     個別財務諸表     個別財務諸表
(B/S, P/L)       (B/S, P/L)       (B/S, P/L)
    ＼             │              ／
     ＼使用して作成 │使用して作成 ／使用して作成
      ＼           ▼           ／
             連結財務諸表
                  │使用して作成
                  ▼
           連結キャッシュ・フロー
           計算書
```

（連結）キャッシュ・フロー計算書と製造原価報告書の間には必ず財務諸表等が介在し，直接の牽連性はない

図表5-2 キャッシュ・フローと減価償却

【残存価額ゼロ，取得原価100の固定資産を定額法，10年で償却するケース】

	資産購入時	1年目	2年目	3年目	4年目	5年目	6年目	7年目	8年目	9年目	10年目
①キャッシュ・フロー	100	0	0	0	0	0	0	0	0	0	0
②費用（減価償却費）	0	10	10	10	10	10	10	10	10	10	10
差額（②−①）	△100	10	10	10	10	10	10	10	10	10	10

　ほかに，非資金費用の例として原価計算で加味すべきものとしては，労務費のうち，退職給付引当金等の長期性引当金の繰入額部分などが挙げられます。なお，例えば他の経費や仕入等も，厳密には費用発生時に即現金決済するケースはまれであるため，一時的には費用計上と資金の移動においてタイムラグは発生します。ただし，ごく短期で決済され，そのタイムラグは解消されるため，意思決定上は非資金費用としては取り扱いません。

　このように，非資金費用は，会計上の費用とキャッシュ・フローとの差異を生み出す要因であり，かつ短期間ではそのギャップが解消しないものをいいます。それを踏まえたうえで，キャッシュ・フローの視点による原価計算とは，

> 「非資金費用を意識し，損益計算上の原価計算に加え，キャッシュ・フローへの影響も加味した複眼的な原価計算を意思決定に採用する」

という行為であると定義したいと思います。

　これについて，まずは以下の設例をみてください。なお，この設例では単純に減価償却費のみを非資金費用原価として設定しましたので，あらかじめお断りしておきます。

設例5-1　原価計算とキャッシュ・フロー①

■前提条件

① 当社は家具製造会社であり，工場において1種類の机を製造している。
② 毎年の製造状況は以下のとおりである。
- 完成品生産量：2,000個。
- 完成品はすべて販売され，1個当たり単価は20である。
- 仕掛品は存在しない。

③ 毎年の各要素別原価は以下のとおりである。
- 直接材料費：3,500
- 間接材料費：500
- 直接労務費：15,000
- 間接労務費：2,500

④ 間接経費は使用する機械装置の減価償却費のみである。なお，定率法により償却しており，昨年と今年の減価償却費は，それぞれ7,500，6,000である。
⑤ ここでは非資金費用は減価償却費のみとする。

これについて，原価計算結果と損益，キャッシュ・フローを図で示すと，**図表5-3**のようになります。

ここでのポイントは，以下の2つとなります。

- 減価償却費の減少はたまたま定率法を採用していたため生じている点
- 上記により利益は増加しているが，キャッシュ・フロー全体については何ら変化がない点

この2つの要素によって，同じ部門において期間比較した際に，その部門では何ら実態が変化していないにもかかわらず，採用した減価償却方法や，減価償却の進捗による負担コストの違いにより，あたかも業績が改善したかのように見えてしまいます。もちろん，減価償却方法が定額法であり，毎期一定額で金額に変化がない場合，このようなミスリードは引き起こしませんが，現状，

第5章 新しい原価計算の視点

図表5-3 原価計算とキャッシュ・フロー

原価計算
(昨年)

直接材料費	3,500
間接材料費	500
直接労務費	15,000
間接労務費	2,500
間接経費(減価償却費)	7,500

完成品 29,000 ⇒ 売上：2,000個×20＝40,000
売上原価　29,000
売上総利益：11,000

(今年)

直接材料費	3,500
間接材料費	500
直接労務費	15,000
間接労務費	2,500
間接経費(減価償却費)	6,000

完成品 27,500 ⇒ 売上：2,000個×20＝40,000
売上原価　27,500
売上総利益：12,500

利益上は、1,500の改善

キャッシュ・フロー
(昨年)

直接材料費	3,500
間接材料費	500
直接労務費	15,000
間接労務費	2,500
間接経費(減価償却費)	0

完成品 21,500 ⇒ 売上によるキャッシュ・フロー　40,000
製造に供したキャッシュ・フロー　△21,500
純キャッシュ・フロー　18,500

(今年)

直接材料費	3,500
間接材料費	500
直接労務費	15,000
間接労務費	2,500
間接経費(減価償却費)	0

完成品 21,500 ⇒ 売上によるキャッシュ・フロー　40,000
製造に供したキャッシュ・フロー　△21,500
純キャッシュ・フロー　18,500

キャッシュ・フロー上は変化なし

　日本では製造設備について定率法を採用している会社が多く，減価償却費は毎期逓減するため，一般的に上記のような利益の変化が生じています。
　ここで，仮に何ら環境が変化せず，ただ費用計算の技術的理由による減価償却の減少による計算結果を「業績の改善」と捉えたならば，それは経営上の意思決定のミスリードにつながるおそれがあると考えられます。
　このイメージをさらに深めるために，もう1つ設例をみてください。

設例5-2　原価計算とキャッシュ・フロー②

■前提条件

① 当社は家具製造会社であり，工場において2つの製造部門で1種類の机を製造している。
② 毎年の各部門の製造状況は以下のとおりである。
  ・完成品生産量：2,000個。
  ・完成品はすべて販売され，1個当たり単価は20である。
  ・仕掛品は存在しない。
③ 各部門，各年の各要素別原価は以下のとおりである。なお，両部門の直接労務費，間接労務費の発生額の差は，使用している機械装置から生じている。B部門は最近最新鋭の機械装置を導入したため，省力化されている。

[A部門]

	昨年	今年
直接材料費	3,500	3,500
間接材料費	500	500
直接労務費	15,000	14,500
間接労務費	2,500	2,500

[B部門]

	昨年	今年
直接材料費	3,500	3,500
間接材料費	500	500
直接労務費	13,500	13,500
間接労務費	1,500	1,500

④ 間接経費は使用する機械装置の減価償却費のみである。なお，定率法により償却しており，各部門の昨年と今年の減価償却費は以下のとおりである。

	昨年	今年
A部門	7,500	6,000
B部門	10,000	8,000

⑤ ここでは非資金費用は減価償却費のみとする。

各部門の原価計算の結果について簡単に図に表すと，**図表5-4**のようになります。

 このように，原価計算の結果，A・Bの両部門とも昨年，今年とも同一金額の利益を計上し，また，利益の改善額も同額であったことがわかります。

図表5-4 設例5-2の原価計算

A部門　原価計算
(昨年)

直接材料費	3,500	完成品 29,000	売上：2,000個×20＝40,000 売上原価　29,000 売上総利益：11,000
間接材料費	500		
直接労務費	15,000		
間接労務費	2,500		
間接経費(減価償却費)	7,500		

(今年)

直接材料費	3,500	完成品 27,000	売上：2,000個×20＝40,000 売上原価　27,000 売上総利益：13,000
間接材料費	500		
直接労務費	14,500		
間接労務費	2,500		
間接経費(減価償却費)	6,000		

利益は2,000改善

B部門　原価計算
(昨年)

直接材料費	3,500	完成品 29,000	売上：2,000個×20＝40,000 売上原価　29,000 売上総利益：11,000
間接材料費	500		
直接労務費	13,500		
間接労務費	1,500		
間接経費(減価償却費)	10,000		

(今年)

直接材料費	3,500	完成品 27,000	売上：2,000個×20＝40,000 売上原価　27,000 売上総利益：13,000
間接材料費	500		
直接労務費	13,500		
間接労務費	1,500		
間接経費(減価償却費)	8,000		

利益は2,000改善

 一方で，キャッシュ・フローの状況は**図表5-5**のようになります。

 もし上記2部門の比較評価の基準が，損益の改善ではなくキャッシュ・フ

図表5-5 キャッシュ・フローの視点による原価計算

A部門　キャッシュ・フロー
(昨年)

直接材料費	3,500	
間接材料費	500	完成品
直接労務費	15,000	21,500
間接労務費	2,500	
間接経費(減価償却費)	0	

売上によるキャッシュ・フロー　40,000
製造に供したキャッシュ・フロー　△21,500
純キャッシュ・フロー　18,500

(今年)

直接材料費	3,500	
間接材料費	500	完成品
直接労務費	14,500	21,000
間接労務費	2,500	
間接経費(減価償却費)	0	

売上によるキャッシュ・フロー　40,000
製造に供したキャッシュ・フロー　21,000
純キャッシュ・フロー　19,000

500の
キャッシュ・
フローの改善

B部門　キャッシュ・フロー
(昨年)

直接材料費	3,500	
間接材料費	500	完成品
直接労務費	13,500	19,000
間接労務費	1,500	
間接経費(減価償却費)	0	

売上によるキャッシュ・フロー　40,000
製造に供したキャッシュ・フロー　△19,000
純キャッシュ・フロー　21,000

(今年)

直接材料費	3,500	
間接材料費	500	完成品
直接労務費	13,500	19,000
間接労務費	1,500	
間接経費(減価償却費)	0	

売上によるキャッシュ・フロー　40,000
製造に供したキャッシュ・フロー　△19,000
純キャッシュ・フロー　21,000

キャッシュ・
フロー上は
変化なし

ローの改善であれば，A部門のほうが会社に貢献していることとなり，利益基準では出なかった部門間での評価の差が生じていることになります。

　なお，このケースでは，A部門は既存の条件のもと，労務費を削る努力によって当該利益およびキャッシュ・フローの改善を達成していることも，図表5-4と図表5-5とを比較することによって確認することができます。これは，メーカーとしては当然に評価に値する貢献だと思いますが，損益の推移だけで

判断していては当該状況も見過ごす結果になりかねません。

ここで、上記の結果を見て意思決定をする際に、どちらの部門にさらなる業務効率化、改善を指示しようかとマネジメントが考えた場合、キャッシュ・フローの視点も併せ持たないと、そこで意思決定を誤り、結果として改善の進んでいない部門を野放しにする、という結果を招くおそれもあります。

ここでは、極端な例を使って示しましたが、会社を取り巻く環境は刻一刻と変化するため、損益とキャッシュ・フローのいずれの視点を優先するかはケース・バイ・ケースでしょう。しかし、このように複眼的に原価計算を展開することによって、本来の方向性と実施する施策との矛盾、誤った経営判断を未然に防ぐことは可能であり、より精度の高い意思決定への情報を提供するものと考えます。

以上、2つの設例により、キャッシュ・フローの視点による原価計算の有用性について解説しました。それでは、次にキャッシュ・フローの視点による原価計算はどのように実施すればよいか、簡単な設例で解説します。

ここまでは原価要素別に原価の製品別計算を行いました。考え方はほぼ同様で、そのうちの非資金費用がいくら存在するかを把握することから始めることになります。

ここでは、第3章で使った設例3-4に少々条件を加え、実際にキャッシュ・フローの視点による原価計算を行ってみます。

設例5-3　キャッシュ・フローの視点による原価計算

■前提条件
① 当社は家具製造会社であり、工場において1種類の机を製造している。
② 今期の製造状況は以下のとおりである。
　・完成品生産量：19,000個
　・仕掛品：2,000個
③ 今期期首において、仕掛品が1,000個存在しており、前期からの引継価額は500（うち、非資金費用は100）であった。
④ 今期の各要素別原価は以下のとおりである。

- 直接材料費：3,500
- 間接材料費：500
- 直接労務費：15,000（うち，非資金費用が1,000）
- 間接労務費：2,500（うち，非資金費用が200）
- 間接経費：500（うち，非資金費用が100）

⑤ 仕掛品はラインの投入段階から最終段階まで均等に存在している。なお，材料もラインの進捗ごとに投入されている。そのため，仕掛品の完成品換算率は単純に0.5とする。

⑥ 当社は仕掛品の評価にあたって先入先出法を採用している。

図表3-12 損益計算上の原価計算—先入先出法の場合（再掲）

製造原価

500	期首仕掛品 500個相当	期首仕掛品の500個相当 } 製品 19,000個①
22,000	今期投入量 19,500個相当	今期投入分 18,500個
		今期投入分 1,000個相当 } 期末仕掛品 2,000個②

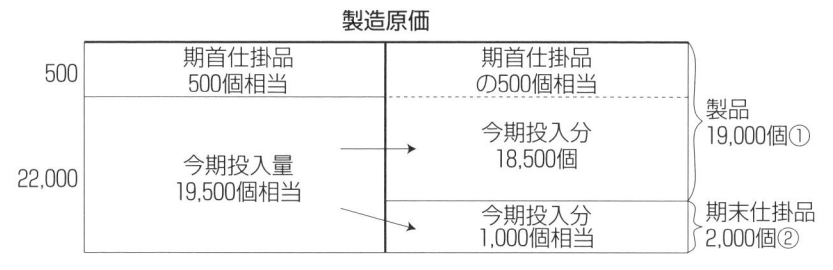

図表5-6 キャッシュ・フローの視点による原価計算

【先入先出法】
- 期首仕掛品のうち，非資金費用が100➡キャッシュ・フローを意識した原価計算に
- 当期投入量のうち，非資金費用の合計が1,300➡キャッシュ・フローを意識した原

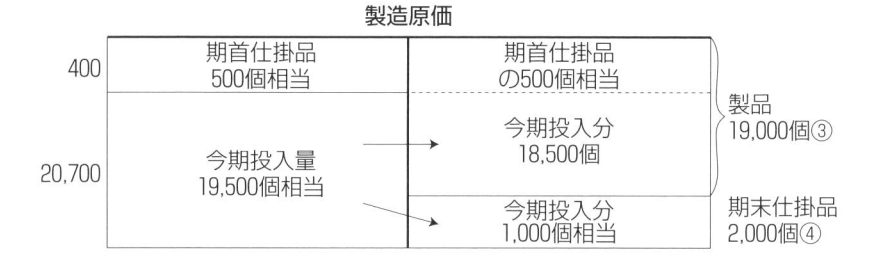

製造原価

400	期首仕掛品 500個相当	期首仕掛品の500個相当 } 製品 19,000個③
20,700	今期投入量 19,500個相当	今期投入分 18,500個
		今期投入分 1,000個相当 } 期末仕掛品 2,000個④

まず，再度当該計算に使用する**図表3-12**（再掲）を見てください。これがいわゆる通常の原価計算になります。

この計算が実施されているという前提で，なるべく追加の作業を省力化し，かつキャッシュ・フローを意識した原価計算を実施する際には，当該条件のもと，いわゆるボックスによるころがし計算の部分を再利用します。つまり，各原価要素のうち，非資金費用でないものを合計し，同一のボックスを利用してころがし計算をすれば，キャッシュ・フローを意識した原価計算が完成することになります（**図表5-6**）。

ここでのポイントは，決してまったく別の原価計算の手法を使うのではなく，

①引継額　500
　今期投入額22,000÷今期投入量の完成品換算量19,500個×18,500個（19,000個－500個）＝20,872
　合計　21,372（@1.124）
②今期投入額22,000÷今期投入量の完成品換算量19,500個×完成品換算量1,000個＝1,128(@1.128)

て使う金額は500－100＝400
価計算にて使う金額は22,000－1,300＝20,700

③引継額　400
　今期投入額20,700÷今期投入量の完成品換算量19,500個×18,500個（19,000個－500個）＝19,638
　合計　20,038
④今期投入額20,700÷今期投入量の完成品換算量19,500×完成品換算量1,000個＝1,062

損益計算上の原価計算における期末仕掛品は1,128であったため、期末仕掛品に引き継がれた非資金費用は66となる。

今までの原価計算の手法をそのまま利用し，単に非資金費用とそれ以外を区別してボックスによる計算を行うだけであることです。

ここでは単純総合原価計算によって実施しましたが，非資金費用とそれ以外を分けて計算するというポイントを理解できれば，個別原価計算やその他の総合原価計算によってもキャッシュ・フローベースでの原価の製品別計算が可能となります。高度にシステム化された原価計算システムにおいても，投入データについて非資金費用とそれ以外を認識することさえできれば，同様に原価計算を行うことができると考えられます。

2 減損会計における論点

前項では，キャッシュ・フローの視点での原価計算のポイントと，その実施方法について解説しましたが，最後に，このキャッシュ・フローによる視点の原価計算に関わる，最近よく目にする誤解と矛盾点を付け加えたいと思います。

それは，固定資産の減損会計に関することです。固定資産を中心とした設備投資は，そもそも当該投資以上の資金の回収（キャッシュ・イン）があるからこそ投資の合理性が認められ，実施されます。しかし，将来の予想の誤りの顕在化等，何らかの事情により当初想定していた収益力が落ち込み，当初の予定が狂い回収できない部分が発生するおそれが出た際，その不足部分について損失を計上し，帳簿価額を切り下げる処理をします。この，固定資産の帳簿価額の切下げ，損失計上を合わせて固定資産の減損処理といいます（**図表5-7参照**）。イメージとしては，今後獲得できるキャッシュ・インに固定資産の身の丈を合わせる，と考えれば理解しやすいかもしれません。

ここまでの設例では，定率法によって年々減価償却費が減っていくことによって損益とキャッシュ・フローの乖離を説明しました。一方で，製造設備に対して何らかの事情で減損処理を行った際には，減価償却費計上額がその期以降大きく減少することになります。例えば，以下の設例を見てください。

図表5-7 固定資産の減損会計

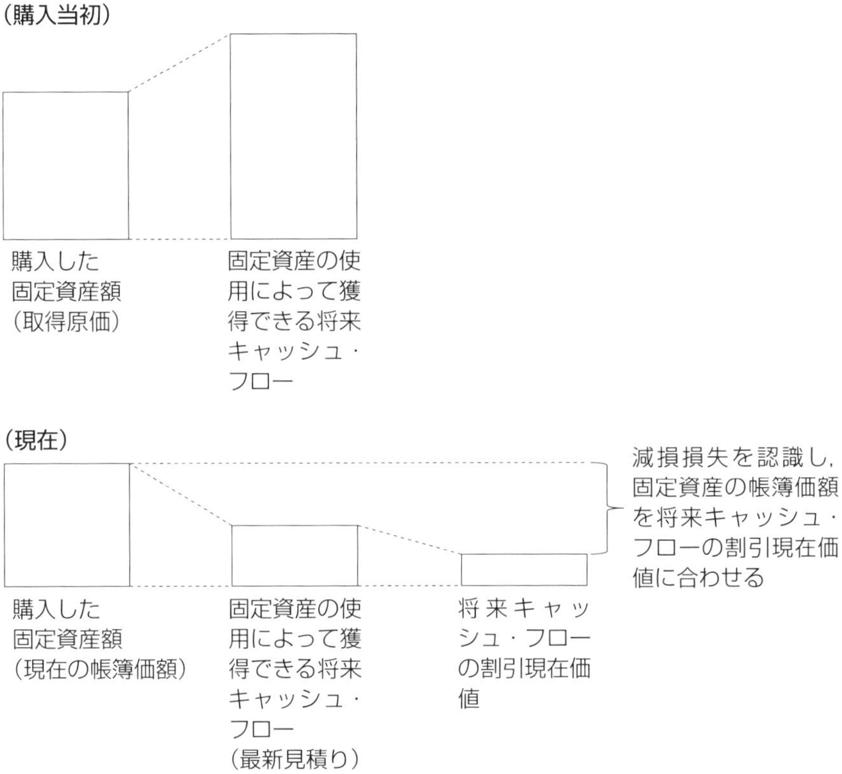

（購入当初）

購入した
固定資産額
（取得原価）

固定資産の使
用によって獲
得できる将来
キャッシュ・
フロー

（現在）

購入した
固定資産額
（現在の帳簿価額）

固定資産の使
用によって獲
得できる将来
キャッシュ・
フロー
（最新見積り）

将来キャッ
シュ・フロー
の割引現在価
値

減損損失を認識し，固定資産の帳簿価額を将来キャッシュ・フローの割引現在価値に合わせる

設例5-4　減損会計

■前提条件
① 当社は家具製造会社であり，工場において1種類の机を製造している。
② 毎年の製造状況は以下のとおりである。
- 完成品生産量：2,000個
- 1個当たり販売単価は11である。
- 仕掛品は存在しない。
③ 毎年の各要素別原価は以下のとおりである。

- 直接材料費：3,500
- 間接材料費：500
- 直接労務費：15,000
- 間接労務費：2,500

④ 間接経費は，使用する機械装置の減価償却費のみである。なお，定率法により償却しており，昨年の減価償却費は7,500であった。一方で，昨年度末に機械装置について全額減損損失を認識したため，今年度以降は会計上の減価償却費は発生しない。

⑤ ここでは非資金費用は減価償却費のみとする。

　固定資産の減損処理は，使用している設備であれば，例えば2期連続で営業損失を計上する等の兆候が現れた際に検討し，将来のキャッシュ・フローを見積もり検討したうえで実施するのが一般的です。つまり，減損損失を認識する設備はこの設例の昨年度のように，そもそも損失を継続的に計上していたのだと予想されます。

　一方で，一度固定資産の減損を認識し，減損損失を計上した際には，次期以降の損益に身の丈が合ったところまで帳簿価額を切り下げているため，当然に減価償却費の計上額も大幅に減少することになります。実際には設備の将来の償却年限に合わせ，キャッシュ・フローを割り引く計算等を行うことにより実際の減損損失額を測定します。ここでは，当該測定も終了しているとの前提を想定してください。

　これによって，当然に損益は改善することになりますが，非資金費用である減価償却費の増減によって変動した損益であるため，キャッシュ・フローに与える影響はありません。また，一見改善した損益も，減損処理の実施によって改善したものであることがわかると思います。

　実は，実務上はこの点について，ただ単に今期は大幅に損益が改善したと誤解しているケースがみられ，そもそもの損失を計上する体質にメスを入れることなく，さらに再度の減損が検討されるような状況をそのまま見過ごしている可能性もあるかと思われます。また，極端な場合，減損によって損益環境が変

図表5-8　減損損失計上前後の比較

原価計算
（昨年）

直接材料費	3,500
間接材料費	500
直接労務費	15,000
間接労務費	2,500
間接経費（減価償却費）	7,500

完成品 29,000 ⇒
- 売上：2,000個×11＝22,000
- 売上原価　29,000
- 売上総利益：△7,000

（今年）

直接材料費	3,500
間接材料費	500
直接労務費	15,000
間接労務費	2,500
間接経費（減価償却費）	0

完成品 21,500 ⇒
- 売上：2,000個×11＝22,000
- 売上原価　21,500
- 売上総利益：500

利益は7,500改善

キャッシュ・フロー
（昨年）

直接材料費	3,500
間接材料費	500
直接労務費	15,000
間接労務費	2,500
間接経費（減価償却費）	0

完成品 21,500 ⇒
- 売上によるキャッシュ・フロー　22,000
- 製造に供したキャッシュ・フロー　△21,500
- 純キャッシュ・フロー　500

（今年）

直接材料費	3,500
間接材料費	500
直接労務費	15,000
間接労務費	2,500
間接経費（減価償却費）	0

完成品 21,500 ⇒
- 売上によるキャッシュ・フロー　22,000
- 製造に供したキャッシュ・フロー　△21,500
- 純キャッシュ・フロー　500

キャッシュ・フロー上は変化なし

わったことについての理解が十分ではなく，

> 「昨年度に減損処理をしたが，大幅に収益が改善している。減損は不要だったのではないか」

という発言をする方もたまに見受けます。これも，損益軸だけで見ていること

からくる誤解であると考えます。また、減損処理を行ったときは、期間比較を損益で行ううえでのそもそもの前提が変化しているため、むしろキャッシュ・フローの視点による原価計算が有効かもしれません。

3 実務におけるポイント

ここまで、キャッシュ・フローの視点による原価計算により、費用ベースの従来の原価計算とあわせ複眼的に原価計算をひもとく手法について簡単に解説しました。しかし、ここでは、短期で決済される経費等は加味せずに、いわば非資金取引のうち、原価計算上重要と考えられる減価償却に論点を絞って解説しました。

実際に、厳密にキャッシュ・フローベースでの原価計算を実施するには、減価償却費以外の非資金項目はもちろん、最終の稼得利益によって生じる納税額等、派生するキャッシュ・フローについても加味する必要があります。ただし、内部使用目的でキャッシュ・フローの視点による原価計算をする際には、そこまで厳密な計算を求める必要があるか、まずは検討する必要があります。1つの指標として、信頼でき、かつ使用できるまでの数値が入手できれば、当初の意思決定使用の目的が達成されることも事実です。また、この原価計算の結果はあくまで内部使用目的にのみ利用されるものであるため、採用の方法にはかなりの自由度が認められると思われます。

製造部門におけるキャッシュ・フローを擬制しているため、全社ベースで作成するいわゆる（連結）キャッシュ・フロー計算書とは別のアプローチを採用しています。つまり、（連結）キャッシュ・フロー計算書を作成する際には、（連結）損益計算書や（連結）貸借対照表を使用しても、製造原価報告書上の数値は使用しませんし、逆に、（連結）キャッシュ・フロー計算書上のデータや金額からキャッシュ・フローベースの製造原価報告書を作り出すことは極めて困難であることも事実です。そのため、キャッシュ・フローベースでの原価計算を行う際には、それに特化した追加の計算プロセスが要求されます。実務

においてキャッシュ・フローの視点による原価計算を実施する際には，この新規に発生する計算コストと，使用すべき目的が要求する数値の精度および実施による効果との均衡点をいかに見出すかが大変重要なポイントであると考えます。

第2節 部門間調整，評価のための原価計算

　制度としての原価計算が設定された当時，日本の企業は終身雇用・年功序列を人事施策の根幹として運営していたと考えられます。しかし，時を経て21世紀になった現在では，少々様相も変化し，当時の年功序列も形を変え，業績連動型の報酬も珍しくなくなってきました。そのようなときに話題となるのは，会社内における各個人の評価や，そのもととなる部門の評価ではないでしょうか。この点，最近よく見るケースとしては，各部門とも当然に全社ベースでの利益最大化という共通の目的のもと，稼得利益や利益貢献度合いを全社共通の指標としているところが多いように感じます。

　伝統的な原価計算においては，内部使用目的の観点は存在するものの，当時の背景からか，社内における部門の評価といったものが意識されていたとは考えられず，全社協業による最終利益の計算に重点が置かれているように感じられます。そのため，全社で稼得した利益を各部門に分配するという考え方は，当時の管理会計上もあまり想定されなかったのではないでしょうか。

　本節では，部門評価や部門調整といった企業内の問題点について，原価計算の枠組みにおいて活用できる情報や，その入手方法について検討したいと思います。ただし，部門間の利害調整や部門評価という分野は，単純に数値化できる部分と，人事政策や社内施策の反映という，必ずしも定量化できない面もあるため，すべて原価計算の枠組みで解決できるわけではないかもしれません。つまり，どのような精緻な手法を採用しても，絶対的な数値化した評価指標の設定は難しいという事実も一方で存在します。

そのため，ここでも各部門のコストの集計や利益計算のための原価の製品別計算という観点から，何らかの切り口で部門間調整や評価のための指標を提供する，という補助的な情報の提供について検討したいと思います。つまり，総合的な判断をするマネジメントに対し，その検討材料の1つを原価計算の切り口から提供するというイメージを持っていただければと思います。なお，ここからの説明においては，モデルを単純化していくために，部門で発生する材料費，人件費と経費を合わせて「コスト」と表現する点，お断りしておきます。

　まず，部門間調整や横断的な評価を採用する際に使う指標として，部門に紐付けられる利益（配分利益）が考えられます。製造業の会社として営利活動を行っていることから，利益の最大化は会社運営上の命題の1つであり，全社として稼得した利益を配分することにより各部門がどれだけ貢献しているかを明らかにすることができれば部門間の評価という観点から理解を得やすいと考えます。また，費用対効果の観点から，費消されたコストは当然に利益獲得のために貢献している，という前提をここでは設定します。

　配分利益を算定する最も単純な方法として，各部門で発生するコストに合わせ全社の利益を按分するという方法があります。これは，原価の製品別計算を実施したのちに，売上から控除した利益を各部門に配分するという場合，各部門はそのコストに見合った利益獲得貢献があったという前提のもと，部門で発生したコストに応じて利益を配分する方法です。

　仮に，個別原価計算によって1つの製品を売り上げたケースを想定します。また，**図表5-9**では営業部門，総務部門における費用といった製造原価以外のコストも含めています。

　この図表では個別原価計算を想定していますが，総合原価計算においても製品の原価計算をさかのぼり，部門ごとの売上原価に算入されたコストを集計することによって同様の対応は可能です。

　この手法のメリットとしては，以下のようなものが挙げられます。

図表5-9 利益の部門配分（個別原価計算）

営業部　100	200÷800×100　配分利益25
総務部　150	200÷800×150　配分利益37.5
製造部　400	200÷800×400　配分利益100
修繕部　75	200÷800×75　配分利益18.75
動力部　75	200÷800×75　配分利益18.75
利益　200	

売上　1,000　　　売上原価　800

- 計算が大変簡単である点
- 評価の指標となる配分利益も共通の指標として採用でき，客観的な比較ができる点
- さまざまな数値的要素（例えば，賞与原資）について，各部門の配分利益を使い，簡単に比例配分ができる点
- 単年の営業結果で計算できる点

また，配分の基準となるコストとして，部門のコストの一部のみ（例えば，人件費のみ）を抽出し，その比較で配分利益を計算する方法も考えられます。この点，配分の基準を自由に設定できる柔軟さもメリットとして挙げられるかもしれません。

しかし，一方でデメリットも存在します。これについて，図表5－9の状況

から以下の変化が生じ，**図表5-10**のようになったケースをみてみましょう。

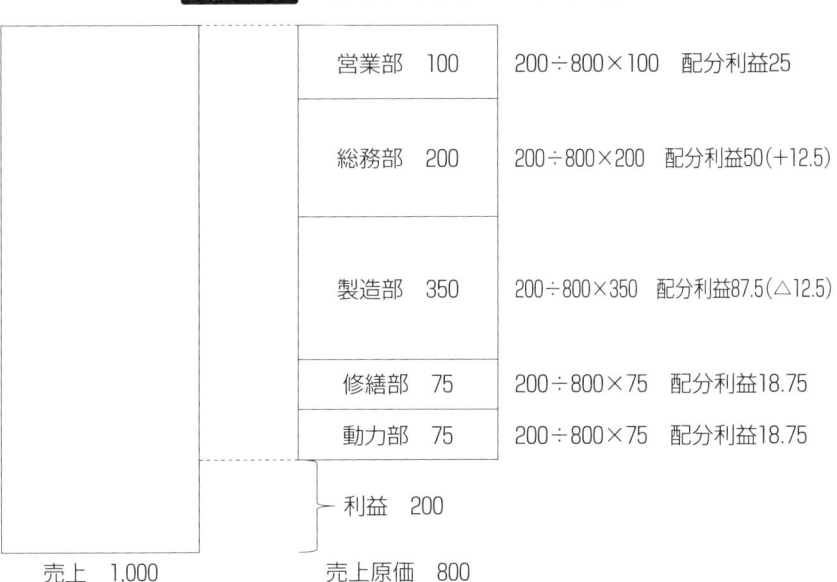

図表5-10 状況変化に応じた利益の部門配分

部門	コスト	計算
営業部	100	200÷800×100　配分利益25
総務部	200	200÷800×200　配分利益50(+12.5)
製造部	350	200÷800×350　配分利益87.5(△12.5)
修繕部	75	200÷800×75　配分利益18.75
動力部	75	200÷800×75　配分利益18.75

利益　200

売上　1,000　　売上原価　800

- 製造部門が原材料費のコストダウンと自部門の効率化によって同様の製品につきコストを350に抑えることができた。
- 総務部門が人事異動の引継ぎ等で，今期は50の追加コストが発生し，200になった。

このように，当該方法を採用すると，本来は業務改善や効率化のためにインセンティブとして使用される配分利益が，結果として適切に各部門の状況を反映しないおそれも存在します。それにより，部門間調整どころか，かえって軋轢を生じさせる結果にもなりかねません。費用を冗長させることが評価アップにつながるという矛盾や，使用者の誤解を生む可能性もあります。また，他部門によって自部門の配分利益が影響を受ける点も決してよい特徴とはいえない

でしょう。

　上記のケースでは原材料費のコストダウンが配分利益に影響していますが，このコストダウンは相場変動や，場合によっては購買部門も抱える総務部門の努力によるものかもしれません。この場合，自部門でコントロールできない要素で配分利益が変動してしまう結果となります。最後に，すべての部門のベクトルがコストダウンに向かっているわけではない点も挙げられます。上記の例のように営業部門が加わる際，むしろある程度の自部門の配分利益を犠牲にしても売上に貢献するのであれば，その行動は結果として全社の活動に貢献し，かえってコストを意識した配分利益は意味をなさないかもしれません。それらのデメリットをまとめると，以下のようになります。

> - ある部門のコストが業務の非効率等により増加した場合，その部門の利益按分割合が増し，相対的に他部門に配分される利益が減少する不合理が生じる点
> - 自部門の業務効率化によってコストを削減した際には，かえって自部門へ配分される利益が減少する不合理が生じる点
> - 原材料費の高騰等の外部要因も配分利益に反映されてしまう点
> - 必ずしも各部門の方向性と配分利益の稼得が一致するとは限らない点

　以上のようなデメリットがありつつも，簡便，かつ，わかりやすい配分利益については，場合によっては合理的な指標といえます。また，配分利益を単独で使用するのではなく，何らかの別の要素を含めて複合的に部門評価をすることで上記のデメリットを補うことも可能と考えられます。例えば，配分利益を1つの要素と考え，加えて別の指標，例えば各部門別に掲げる目標の達成率などとあわせ複合的に判断することで，より実態に合った，かつ横断的に理解が得られる手法を設定することも可能と考えられます。

　また，配分利益の欠点の1つである，当該指標が部門によっては活動の実態の方向性にそぐわない点については，改善方法としては，各部門にて対応すべ

き課題について目標を事前に設定し、その目標の達成度合いをもって評価とする方法が考えられます。これについては、先の例に少々条件を加えた以下の設例で確認してみましょう。

設例5-5　修正配分利益

■前提条件
- 会社の主要部門は、営業部、総務部、製造部、修繕部、動力部である。
- それぞれの部門について以下のとおり目標が設定されている。

部門	目標となる指標	目標
営業部	売上	今期の予算達成
総務部	コスト	前年からの増を5%以内にとどめる
製造部	コスト	前年比5%削減
修繕部	不稼働時間	予定外不稼働時間のゼロ化
動力部	コスト	前年を上回らない

- 各部門の目標達成に対する補正率は以下のとおりである。

目標未達	配分利益×0.8
目標達成	配分利益×1
目標以上の改善等	配分利益×1.2

- 今期の業績および配分利益は図表5-9のとおりであった。
- 今期の各部門の目標達成状況は以下のとおりであった

部門	目標となる指標	目標
営業部	売上	予算を5%上回る売上を計上した
総務部	コスト	コスト目標を達成できなかった
製造部	コスト	ちょうど目標どおりのコスト削減を達成した
修繕部	不稼働時間	不稼働時間ゼロの目標を達成した
動力部	コスト	コスト削減を達成し、目標以上の改善を達成した

　以上のような条件で、一度計算した配分利益を数値修正したもの、つまり「修正配分利益」を採用して、各部門を定量的に評価してみましょう。
　まず、最初に単純に各部門の配分利益を計算します。結果、**図表5-11**のように、先に示した図表5-9と同様の結果を得ることができます。

図表5-11 設例5-5の単純解（図表5-9再掲）

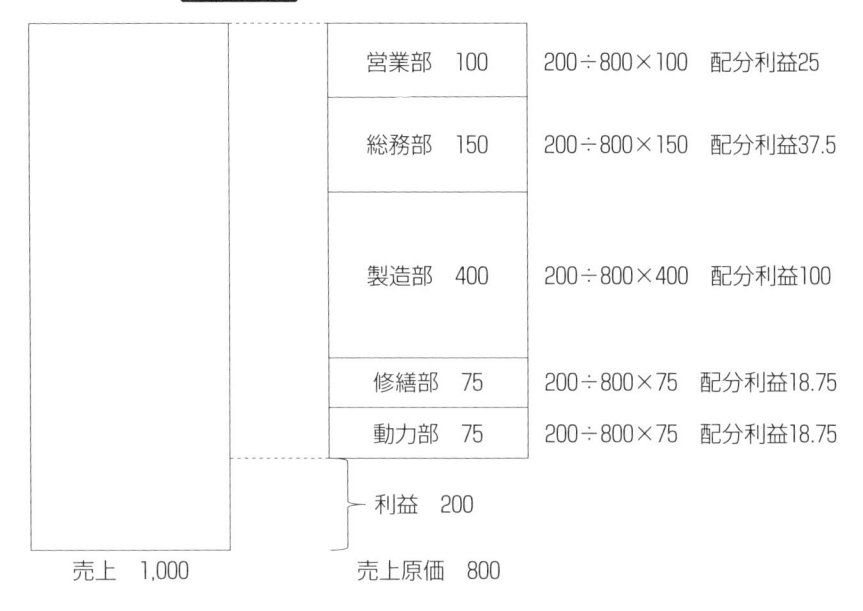

部門	金額	計算	配分利益
営業部	100	200÷800×100	配分利益25
総務部	150	200÷800×150	配分利益37.5
製造部	400	200÷800×400	配分利益100
修繕部	75	200÷800×75	配分利益18.75
動力部	75	200÷800×75	配分利益18.75

利益　200

売上　1,000　　売上原価　800

　このあとで，各部門の配分利益を補正すると，**図表5-12**のようになります。

　当初の利益に，部門ごとに補正率によって修正したため，当然に合計は合わなくなります。もし，配分利益を利益に合わせた形にするのであれば，一度，修正配分利益の合計に対する各部門の比率を出したうえで，利益金額を再配分すれば合計額を一致させることができます（**図表5-13**）。

図表5-12 図表5-11からの補正

部門	目標となる指標	目標	配分利益	補正率	修正配分利益
営業部	売上	予算を5%上回る売上を計上した	25	1.2	30
総務部	コスト	コスト目標を達成できなかった	37.5	0.8	30
製造部	コスト	ちょうど目標どおりのコスト削減を達成した	100	1	100
修繕部	不稼働時間	不稼働時間ゼロの目標を達成した	18.75	1	18.75
動力部	コスト	コスト削減を達成し，目標以上の改善を達成した	18.75	1.2	22.5
		合計	200		201.25

図表5-13 図表5-12からの再配分

部門	配分利益	補正率	修正配分利益	比率（※1）	再配分
営業部	25	1.2	30	15%（※1）	30（※2）
総務部	37.5	0.8	30	15%	30
製造部	100	1	100	50%	99
修繕部	18.75	1	18.75	9%	19
動力部	18.75	1.2	22.5	11%	22
合計	200		201.25		200

※1：修正配分利益30÷修正配分利益合計201.5
※2：15%×利益200

　以上のように，部門ごとの目標を加味し補正率を採用することで，部門のベクトルを全社として向けたい方向に修正することは可能となります。また，補正率を調整することで，目標達成に対するマネジメントの意志の強さを表すことができます。具体的には，目標必達という厳しさを出すのであれば，補正率の幅を広げることによりインセンティブの度合いを強め，その意志が各部門に伝わるようにすることができます。

ただし，補正率を採用した修正配分利益においても，以下のような欠点も残ります。

- 各部門の設定する目標の達成の困難度のレベルの統一が難しいため，それぞれに与える負荷にばらつきが出るおそれがある。
- 各部門とも，容易に達成可能な目標を掲げる傾向になり，結果，低い目標を設定する可能性がある。結果，上記のように各部門間で達成の困難度にばらつきが出るおそれがある。
- 自部門の目標達成のために他部門へのサービス提供を犠牲にするような行動により，かえって全体の最大効用を損なうおそれがある。

これに加え，目標達成に合わせて，協業する他部門に対し補正率の評価を依頼する方法も考えられます。例えば，間接部門については直接部門の業務効率のために自部門のコストをある程度犠牲にしつつ，稼働率や売上，生産性の向上に向かう状況もあるでしょう。このような他部門への貢献については，用役提供を受けた部門からの評価により，補正率の追加等によって反映させることもできます。これについては，以下の設例をみてください。

設例5-6　2次補正率の設定

■前提条件
- 設例5-5に加え，以下の2つの間接部門については直接部門である営業部，製造部からの評価により，以下の補正が加えられることとなっている。そのため，他部門と異なり達成に対する1次補正幅は小さく，以下のように設定されている。

部門	評価主体	目標となる指標	目　標
総務部	営業部，製造部	サービスの質	総務部の業務に対して細かいチェックリストを作成し，各項目を5段階で評価した結果，平均4以上を達成する
修繕部	製造部	適時の修繕	修繕の対応についてフィードバックを実施し，5段階で評価した結果，平均4以上を達成する

[1次補正率]

目標未達	配分利益×0.9
目標達成	配分利益×1
目標以上の改善等	配分利益×1.1

また，他部門からの評価に対する2次補正率は以下のとおりである。

[2次補正率]

目標未達	配分利益×0.8
目標達成	配分利益×1
目標以上の改善等	配分利益×1.2

・今期の結果は以下であった。

部門	目　標
総務部	今期は総務部としてコスト高の結果となったが，社内におけるサービスの品質が向上し，評価の総平均は4.75となっていた。
修繕部	今期は予定しない不稼働時間は発生させなかったものの，一部不手際も生じ，フィードバックの平均は3.75にとどまった。

　以上の内容を反映した場合，それぞれの部門の最終的な配分利益は**図表5-14**のようになります。

図表5-14 2次補正

部門	配分利益	補正率	修正配分利益	2次補正	2次補正後の修正配分利益	比率（※1）	再配分
営業部	25	1.2	30	—	30	14%（※1）	29（※2）
総務部	37.5	0.9	33.75	1.2	40.5	19%	39
製造部	100	1	100	—	100	48%	96
修繕部	18.75	1	18.75	0.8	15	7%	14
動力部	18.75	1.2	22.5	—	22.5	11%	22
合計	200		205		208		200

※1：修正配分利益30÷修正配分利益合計208
※2：14%（14.42%）×利益200

 以上，他部門からの評価を2次補正率として採用するケースを例として修正配分利益の計算を実施しました。もちろん，上記の2次補正率の設定はあくまで例であり，さまざまな設定の仕方も可能です。また，少々複雑になりますが，3次補正，4次補正を設定し，より多くの判断基準を反映させていくことも可能ですが，他部門による評価については説明と同意が必要になるかと思います。

 上記の設例では，直接部門においては2次補正を設定しませんでしたが，何らかの指標によって他部門からの評価を受けることも考えられるでしょう。

 ただし，当該手法によっても以下のような欠点があります。

- 部門の評価は相対的であることから，自部門の評価を意識した結果，他部門の評価を低めにつけてしまう意識が働くおそれがある。
- 評価の同意プロセスという，追加の業務を生じさせることになる。
- 他部門の評価の同意が得られないケースは，最終的な配分利益算出が困難となる。
- 評価部門，被評価部門間で意識の壁ができ，社内の横のコミュニケーションを阻害するおそれがある。

なお，評価の同意については社内に周知しなくとも最終的な配分利益の計算はできますが，その際は中立的なマネジメントの裁定が必要になると考えられます。場合によっては当該業務の追加によるマネジメントの負担増も欠点として挙げられるかもしれません。

　以上，補正率を複数使って評価を行う方法についても触れました。繰り返しとなりますが，補正の回数を増やせば増やすほど，より的確な横断的評価の指標につながることが予想される一方，補正における恣意性の介在や業務負担の増加も否めません。また，各部門における個別の事情も時によってはその活動に大きな影響を及ぼすこともあり，必ずしも補正率や何らかの調整によっても十分に反映できない点があることも事実かと思います。

　そのため，実務上は，費用対効果やスピード感を考え，どの程度まで数値指標を算出するのかといった，バランスをとった評価手法の確立が求められます。部門間調整，評価の目的のもと，マネジメントがどの程度まで精緻化した数値指標を求めているのか，および，その他会社を取り巻く諸要素，施策の方向性等，定量的には表現できない内容とあわせて，有効に機能するように数値指標を設定していくことが重要です。

［著者紹介］

関　浩一郎（せき　こういちろう）

新日本有限責任監査法人　公認会計士　米国公認会計士

重工業メーカーでの営業職を経験ののち，平成11年，太田昭和監査法人（現　新日本有限責任監査法人）入所。以降，食品メーカー，自動車メーカー等，主に製造業を中心に国内上場会社の会計監査に従事。
主な著書（共著）『業種，組織形態等に特有な会計と税務』（税務経理協会）。

菅野　貴弘（すがの　たかひろ）

新日本有限責任監査法人　公認会計士

平成13年，新日本監査法人（現　新日本有限責任監査法人）入所。以降，食品メーカー，自動車メーカー等，主に製造業を中心に国内上場会社の会計監査に従事。
主な著書（共著）『業種，組織形態等に特有な会計と税務』（税務経理協会）。

図解＆設例
原価計算の本質と実務がわかる本

2013年9月1日　第1版第1刷発行

著　者	関　　浩一郎
	菅　野　貴　弘
発行者	山　本　憲　央
発行所	㈱中央経済社

〒101-0051　東京都千代田区神田神保町1-31-2
電話　03（3293）3371（編集部）
　　　03（3293）3381（営業部）
http://www.chuokeizai.co.jp/
振替口座　00100-8-8432
製版／㈱プランニングセンター
印刷／㈱堀内印刷所
製本／誠　製　本　㈱

Ⓒ 2013
Printed in Japan

＊頁の「欠落」や「順序違い」などがありましたらお取り替えいたしますので小社営業部までご送付ください。（送料小社負担）
ISBN978-4-502-48990-7　C3034

JCOPY〈出版者著作権管理機構委託出版物〉本書を無断で複写複製（コピー）することは，著作権法上の例外を除き，禁じられています。本書をコピーされる場合は事前に出版者著作権管理機構（JCOPY）の許諾を受けてください。
JCOPY〈http://www.jcopy.or.jp　e メール：info@jcopy.or.jp　電話：03-3513-6969〉

─ ■おすすめします■ ─

企業の経理・財務担当者,職業会計人の必備書

企業会計小六法

中央経済社編

　新設・改廃を繰返す会計基準を理解し,会計処理・開示の作業を行わなければならない経理・財務担当者の方々のために,実務重視の方針で会計基準等を収録した実践法規集。

　本書は,3編構成で,第Ⅰ編は各会計基準等が尊重すべき包括的規準を,本書の中核である第Ⅱ編には,実務的に理解しやすいと思われる順序およびカテゴリで会計基準等を配列。第Ⅲ編では,関連する重要法令及び各団体の公表する財務諸表等のひな型等を収録。実務本位で編集した,業務遂行に欠かせない1冊。

《主要内容》

Ⅰ　包括的規準編＝概念フレームワーク／企業会計原則・同注解／連続意見書／原価計算基準

Ⅱ　企業会計諸基準編＝〔貸借対照表関係〕棚卸資産会計基準／金融商品会計基準／減損会計基準／リース取引会計基準／資産除去債務会計基準／退職給付会計基準／純資産の部会計基準〔損益計算書関係〕工事契約会計基準／税効果会計基準／包括利益会計基準〔キャッシュ・フロー計算書関係〕〔株主資本等変動計算書関係〕〔過年度遡及関係〕〔組織再編関係〕企業結合会計基準／事業分離等会計基準〔連結財務諸表関係〕連結会計基準／持分法会計基準〔四半期財務諸表等関係〕〔ディスクロージャー関係〕セグメント会計基準／関連当事者会計基準　他

Ⅲ　法令・ひな型編＝金商法・同施行令／開示府令／財規・連結財規・四半期財規・四半期連結財規／会社法・同施行令・同施行規則・会社計算規則・電子公告規則／経団連ひな型／監査報告書の文例　他

■中央経済社■